Yvonne Keßler

Lapbooks im Englischunterricht

Praktische Hinweise und Gestaltungsvorlagen für Klappbücher zu zentralen Lehrplanthemen

PERSEN

Die Autorin

Yvonne Keßler studierte in Gießen Lehramt für die Grundschule mit den Fächern Deutsch, Mathematik, Sport und Englisch. Im Anschluss daran studierte sie außerdem Lehramt für die Haupt- und Realschule mit den Fächern Deutsch und Englisch. Sie absolvierte das Referendariat an einer Mittelstufenschule in Bad Nauheim und arbeitet seitdem auch an dieser Schule.

Gedruckt auf umweltbewusst gefertigtem, chlorfrei gebleichtem und alterungsbeständigem Papier.

2. Auflage 2020

Grafik: Hauptillustratorin: Katharina Reichert-Scarborough
weitere Grafiken von: Claudia Bauer (S. 59 Bauernhof), Mele Brink (S. 34 Biologie, Kunst, Musik, S. 54 Schinken, S. 55 Butter, Wurst, Eier, Sandwich, Salat, Kopfsalat, Tomate, Gurke, Karotte, Suppe, Honig, S. 56 Kartoffeln, Hühnchen, Obst, Banane, Orange, Limonade, Apfelsaft, Tee, Kaffee, Kakao, Sprudel, Wasser, Pie, S. 59 Frühstück, Suppe, Burger, Salat, Eis, Pie, Kakao, Limonade, S. 67, 70, 75 Frühling, Sommer, Herbst, Winter), Julia Flasche (Arbeitspiktogramme, alle Flaggen von Großbritannien und Deutschland, S. 32 Brotdose, S. 33 Freunde, Mathe, S. 34 Sport, Religion, Unterricht, Brotdose, Kind mit Buch, Buch, S. 35 Pausenhof, S. 54 Brot, Brötchen, Marmelade, S. 55 Paprika, S. 59 Marmelade, S. 67 Weihnachten, Ostern, Geburtstag), Marion El-Khalafawi (S. 62 Monday, Thursday, Mai, Jahreszeiten, S. 66 Januar, Februar, März. April, Mai, Juni, Juli, August, September, Oktober, November, Dezember, S. 67 Jahreszeiten), Charlotte Wagner (S. 65, 66, 67 Kalender), Satzpunkt Ursula Ewert GmbH (Bastelvorlagen)
Satz: Satzpunkt Ursula Ewert GmbH, Bayreuth

ISBN: 978-3-403-20283-7

www.persen.de

Was sind Lapbooks?

Ein Lapbook ist ein Klappbuch, eine kleine Mappe, die sich mehrfach ausklappen lässt und von den Kindern individuell gestaltet und ausgestattet werden kann. So passen zum Beispiel kleine Taschen, Faltbücher, Klapphefte, Drehscheiben, Leporellos, Bilder u. v. m. hinein.

Durch das Gestalten ihres Klappbuches können die Schüler[1] ihre Lernergebnisse durch Basteln, Schreiben und Ausarbeiten festhalten. Dies geschieht auf eine motivierende, kreative Weise und alle erzielen dabei ein eigenes Ergebnis. Jedes Lapbook ist individuell, keines sieht aus wie das andere. Die Kinder entscheiden selbstständig, wie sie mit erarbeiteten Informationen umgehen, und bringen dabei unterschiedliche Aspekte schriftlich und gestalterisch in ihr Buch ein.

Einsatz von Lapbooks im Unterricht

Lapbooks können in nahezu allen Fächern eingesetzt werden. Zusätzlich zum Englischunterricht bieten sich zum Beispiel Themen des Deutsch- (Lektüre, Bilderbuch, Gedichte, ...), Mathematik- (Addition, Subtraktion, Wahrscheinlichkeit, ...), Sach- (das Wetter, unsere Planeten, Tiere im Zoo, ...) und Religionsunterrichts (biblische Geschichte, Kirchenkreis, ...) an.

Zielsetzung

Die Kinder
- setzen sich intensiv mit dem Thema auseinander,
- verschaffen sich selbstständig Informationen,
- arbeiten individuell,
- arbeiten in Einzel-, Partner- oder Gruppenarbeit zusammen,
- dokumentieren und präsentieren ihre Ergebnisse,
- lernen und wiederholen die Inhalte.

Material

Bedingung für die Arbeit mit Lapbooks ist eine Vielfalt an Materialien. Ausgelegt werden sollten:
- Tonpapier, Tonkarton und farbiges Papier
- Lapbook-Vorlagen (mehrfach kopiert)
- kopierte Informationen zu den Themen
- Musterklammern
- Klebestifte, Klebestreifen
- Stifte
- Scheren
- Klettstreifen

Es empfiehlt sich, die Lapbook-Vorlagen auf dickeres Papier (z. B. 160 g/m²) zu drucken, damit diese beim Basteln nicht kaputtgehen und von den Schülern besser gefaltet werden können.

Zur vertiefenden Recherche sind außerdem ein PC mit Internetzugang sowie Lexika, Wörterbücher, Zeitschriften, ausgedruckte Fotos etc. sinnvoll.

Vorgehen

Je nachdem, ob und wie Sie das vorliegende Material nutzen und erweitern möchten, sollte für jedes Kind am besten ein DIN-A3-Bogen Pappe oder festes Papier zur Verfügung stehen. Das DIN-A4-Format ist auch möglich, doch dann fallen die Lapbooks recht klein aus und die Kopiervorlagen müssen angepasst werden. Auch werden einige Elemente dadurch schwer zu basteln sein. Die Seiten des in Querformat gelegten Pappbogens werden zur Mitte hin umgeklappt, sodass ein aufklappbares Buch entsteht. Nach oben und unten kann diese Grundform durch weitere klappbare Elemente erweitert werden.

In dieses Buch hinein basteln und gestalten die Kinder nun mit verschiedenen Elementen zum jeweiligen Thema. Das Deckblatt können sie frei gestalten oder Sie stellen den Kindern eine Vorlage zur Verfügung.

[1] Wir sprechen hier wegen der besseren Lesbarkeit von Schülern bzw. Lehrern in der verallgemeinernden Form. Selbstverständlich sind auch alle Schülerinnen und Lehrerinnen gemeint.

Mustervorlage Lapbook

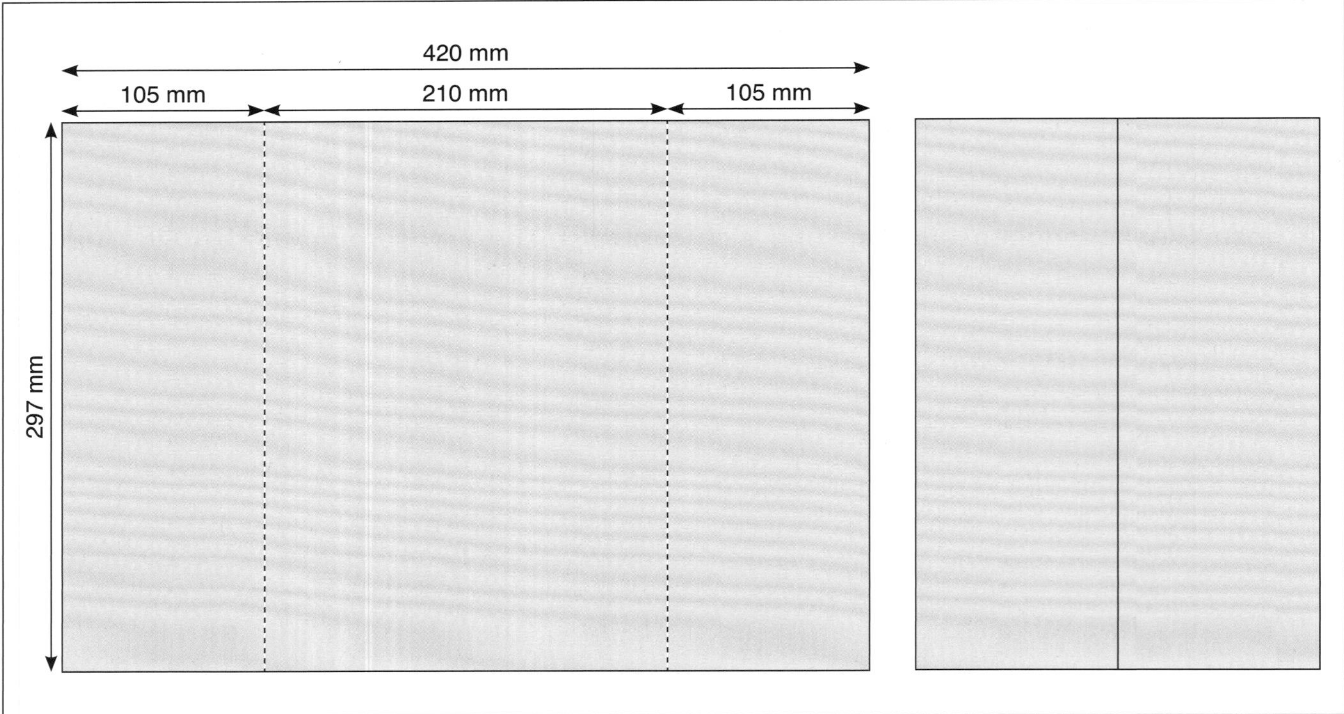

Differenzierung

Lapbooks bieten eine gute Möglichkeit zur Differenzierung, da jedes Kind sein Lapbook eigenständig und nach eigenen Vorstellungen, Fähigkeiten und Fertigkeiten gestaltet; auch die konkreten Inhalte kann es selbst bestimmen. Weiterhin gibt es sowohl einfache Vorlagen, die im Grunde nur ausgeschnitten werden müssen, als auch solche, die mit relativ viel Inhalt gefüllt werden können. Des Weiteren bieten sich Lapbooks für die Partner- und Gruppenarbeit an und sind somit besonders für inklusiv arbeitende Klassen geeignet. Kinder haben Freude daran, ihre fertigen Lapbooks der Klasse zu präsentieren, und sie wiederholen dadurch ganz nebenbei die Lerninhalte. Jedes Lapbook sieht anders aus und zeigt somit ein individuelles Lernergebnis, was die Präsentation und Besprechung mit der Klasse besonders abwechslungsreich und spannend macht.

Bewertung

Die Kinder erarbeiten sich die Inhalte des Themas selbstständig. Parallel zum Unterrichtsverlauf bietet es sich an, eine Tabelle anzulegen, die als eine Art Bewertungsraster verwendet werden kann. Ein Beispiel finden Sie auf Seite 79. Die fertigen Klappbücher können nach den Präsentationen eingesammelt und von der Lehrkraft als Portfolio der Arbeit genutzt werden.

Klassenstufen

In jüngeren Jahrgängen bietet sich eine behutsame Heranführung an die Arbeit mit Lapbooks an. Zu Beginn jeder Stunde können die Kinder mithilfe ihres Lapbooks die erarbeiteten Inhalte wiederholen. Eventuell kann in jeder Stunde eine kleine Anzahl an Lapbook-Elementen bereitgestellt werden. Dann werden die Aufgaben Schritt für Schritt erweitert – somit entwickelt sich das Klappbuch im Laufe der Unterrichtseinheit.

Zudem sollten in den Klassen 1 und 2 noch stärkere Vorgaben und konkrete Aufgabenstellungen formuliert werden; auch der zu nutzende Wortschatz wird von der Lehrkraft vorgegeben. Je mehr die Kinder mit der Methode Lapbook vertraut sind, desto freier können sie sich ein Thema erarbeiten, bis sie irgendwann nur noch Blankovorlagen erhalten und sich das Thema ganz eigenständig erarbeiten.

Grundsätzlich richtet sich die Vorgehensweise in höheren Klassen danach, über welche Erfahrungen die Kinder verfügen und ob sie sich selbstständig Informationen besorgen können (mithilfe von Büchern oder dem Internet).

Anmerkung der Autorin

Alle nachfolgenden Vorlagen zu den verschiedenen Lapbooks enthalten immer das Element *Treasure box*. Dies erscheint mir sinnvoll, um die Schüler schon früh an die Wortschatzarbeit mit Karteikarten heranzuführen.

Durch meine Erfahrungen im Englischunterricht weiß ich, dass es den Schülern oft schwerfällt, eine geeignete Methode zu finden, mit der sie neuen Wortschatz lernen können. Immer wieder müssen verschiedene Methoden und Techniken wiederholt und geübt werden. Im Unterricht hat sich gezeigt, dass gerade das Vokabellernen mit Karteikärtchen eine effektive und nachhaltige Methode darstellt, die den Schülern zudem Spaß macht.

Durch die *Treasure box* werden sie angeleitet, mit Karteikärtchen neuen Wortschatz zu lernen und bekannte Wörter zu wiederholen. Zudem bekommen sie erste Einblicke in die Gestaltung von Karteikärtchen und werden angeleitet, im weiteren Lernprozess eigene Karteikärtchen zu erstellen. Die Faltanleitung für eine solche *Treasure box* finden Sie gleich zu Beginn des Buches. Sie ist für jedes Thema einsetzbar und kann entsprechend kopiert werden.

Des Weiteren sind alle Lapbooks so angelegt, dass sie durch die Gestaltung des Deckblattes verschlossen und geöffnet werden können. Hintergrund dieser Gestaltungsmöglichkeit ist, dass so nur einzelne Lapbooks im Klassenraum betrachtet werden können und somit in den Vordergrund rücken, während andere geschlossen und somit unauffällig bleiben. Durch eine rhythmisierte Öffnung einzelner Lapbooks werden alle Schülerarbeiten einzeln gewürdigt, ohne dass die Betrachter durch eine zu große Masse an Informationen überfordert werden. Die Schüler können sich also in Ruhe alle Ergebnisse anschauen und sicher sein, dass ihr individuelles Ergebnis mindestens einmal in den Vordergrund rückt und von ihren Mitschülern betrachtet und somit gewürdigt wird.

Schneide die Vorlage für die Schatztruhe aus.

Falte und klebe die Truhe. Klebe sie auf dein Lapbook.

Stecke danach die fertigen Wortschatzkarten in die Truhe.

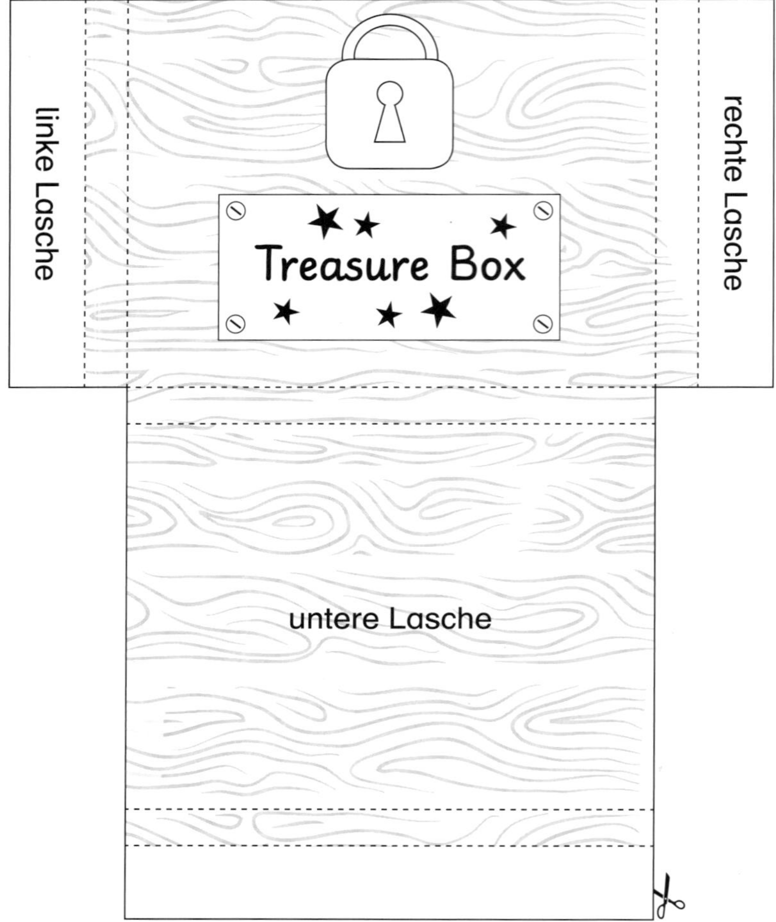

Informiere dich.
Lies den Text oder lass ihn dir vorlesen.

That's me

We always have to introduce ourselves. We tell other people our name, how old we are and where we are from. It's important that you can say that in English because a lot of people speak English.

You can also tell them something about your family, your favourite subject and food, and your hobbies. You can tell them what you like and what you don't like.

Das bin ich

Immer wieder müssen wir uns vorstellen. Wir erzählen anderen Menschen, wie alt wir sind und woher wir kommen. Es ist wichtig, dass wir das auf Englisch sagen können, weil viele Menschen Englisch sprechen.

Du kannst auch etwas über deine Familie, dein Lieblingsfach und dein Lieblingsessen, deine Hobbys und Sachen die du magst und nicht magst erzählen.

Family

Your family makes you the person you are. You live with them. You have fun together. They help you when you need help. They are always there for you.

Every family is different. Some families are bigger and some are smaller. Sometimes pets are part of the family, too.

Die Familie

Deine Familie macht dich zu der Person, die du bist. Du wohnst mit ihnen zusammen, ihr habt zusammen Spaß und sie helfen dir, wenn du Hilfe brauchst.

Jede Familie ist anders. Manche sind groß und manche sind klein. Manchmal gehören auch Haustiere zur Familie.

Hobbies

Hobbies are activities you do during your free time. Some people do sports, others play games or draw pictures, and others just like to relax.

Hobbies can be very different to each other, just as people are different to each other. But there are always people who share a hobby. So most of the time you are not alone when you do your hobby.

Hobbys

Hobbys sind Aktivitäten, die du in deiner Freizeit machst. Einige Menschen machen Sport, andere spielen Spiele oder malen Bilder und wieder andere genießen es, einfach zu entspannen.

Hobbys können sehr unterschiedlich sein, genauso wie Menschen unterschiedlich sind. Es gibt aber immer ein paar Menschen, die das gleiche Hobby haben. Also ist man meistens nicht alleine, wenn man sein Hobby ausführt.

Suche dein Lieblingsbild von dir heraus (Größe des Fotos ca. 10 × 15 cm).

Klebe die linke Hälfte deines Bildes auf die linke Klappseite deines Lapbooks, wie unten im Beispiel gezeigt wird.

Klebe nun auf die rechte Rückseite deines Lieblingsbildes einen Klettstreifen. Klebe das Gegenstück auf die rechte Klappseite deines Lapbooks.

Schreibe den Titel des Lapbooks auf das Lapbook. Hierfür kannst du die Sternen-Vorlage nutzen.

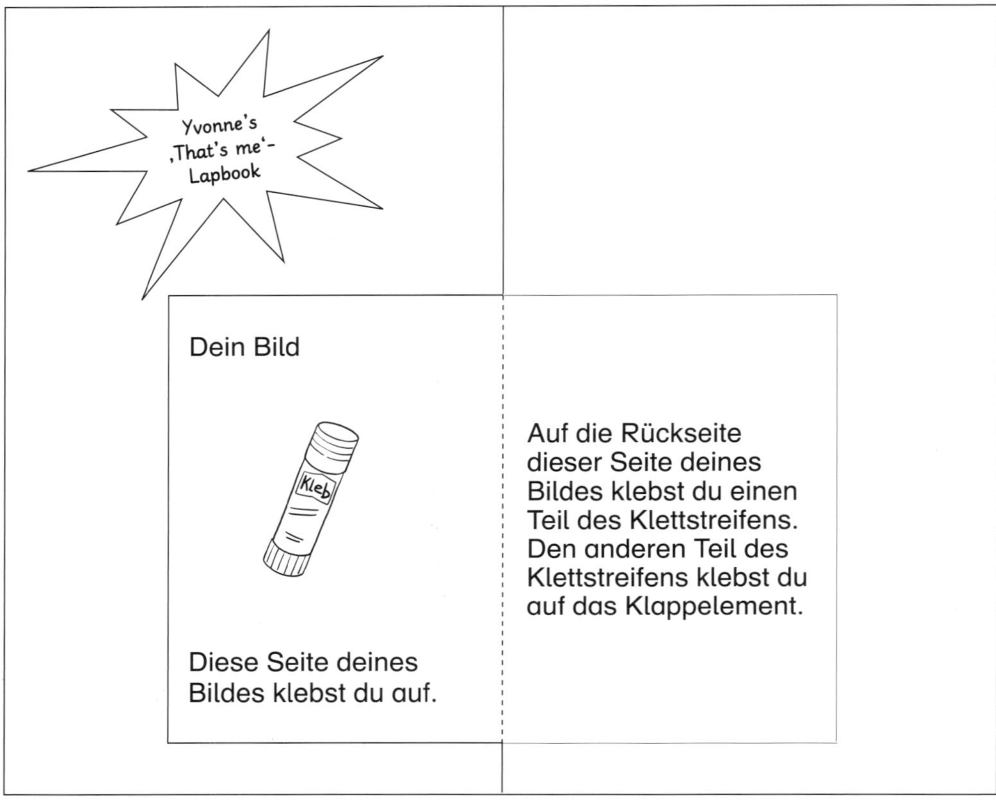

Schneide die Wort-/Satzkarten aus und klebe sie auf die Rückseite der passenden Bildkarten.

Das bin ich.	Ich bin acht Jahre alt.	Ich komme aus Großbritannien.	Ich wohne in Frankfurt.
Ich habe einen Bruder / eine Schwester.	Ich habe zwei Brüder / zwei Schwestern.	Ich habe Haustiere.	das Haustier, die Haustiere
Ich habe einen Hund.	Mein Lieblingsfach ist Sport.	Meine Lieblingsfächer sind Mathematik und Kunst.	Mein Lieblingsessen ist Spaghetti und Pizza.
Mein Hobby ist es Fußball zu spielen.	Meine Hobbys sind malen und Gitarre spielen.	Ich mag den Sommer.	Ich mag Schnee nicht.
die Mutter	der Vater	die Schwester	der Bruder
die Zwillingsschwester / der Zwillingsbruder	das Schulfach, die Schulfächer	das Essen	Ich habe am 26. April Geburtstag.

Klebe hier ein kleines Passbild von dir auf. That's me.	 I'm eight years old.	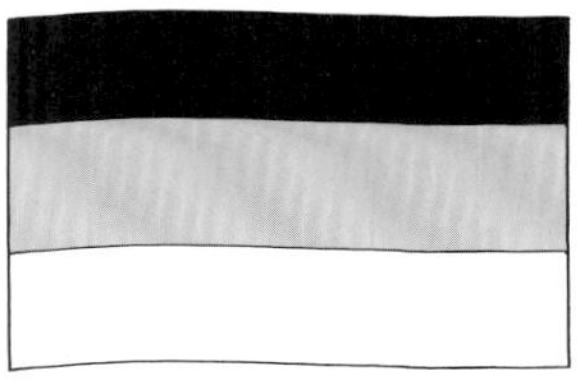 I'm from Germany.
 Frankfurt am Main I live in Frankfurt.	 me me I have a brother / a sister.	 me me I have two brothers / two sisters.
 me I have pets.	 bird cat dog pet(s)	 me I have a dog.

Thursday
Friday
Maths
PE
Maths
PE
English
Art
Music
Art
My favourite subject is PE.
Monday
Tuesday
PE
Art
Maths
Music
English
PE
Science
PE
My favourite subjects are Maths and Art.
My favourite foods are spaghetti and pizza.
My hobby is playing football.
My hobbies are drawing pictures and playing the guitar.
I like the summer.
I don't like snow.
mother
father
me
sister
me
brother
twin-sister / twin-brother
Music
Art
German
(school) subject(s)
food
April
Monday
25
Tuesday
26
Yvonne's birthday
Wednesday
27
Thursday
28
My birthday is on the 26th of April.

Schneide die Vorlage aus und klebe sie in dein Lapbook.

Beantworte die Fragen auf der Innenseite.

Male außen passende Bilder zu deinen Antworten.

Du kannst das Interview mit einem Partner üben und in der Klasse präsentieren.

Tipp: Nutze deine Wortschatzkärtchen, um die Fragen zu beantworten.

Interviewer ????	You	
Hello. What is your name?	Hi.	
Welcome to our class. How old are you?	Thank you.	
When is your birthday?		
Where are you from and where do you live?		
What is your hobby?		
What do you like and what don't you like?		
Thank you for answering my questions.	Sure, you're welcome.	

Suche ein Foto von dir und deiner Familie oder male selbst ein Bild von euch in den unten abgedruckten Bilderrahmen.

Schneide dein Foto oder Bild aus und klebe es in dein Lapbook.

Schneide die Wörter aus, die deine Familie beschreiben, und klebe sie um dein Familienfoto herum auf.

Beschrifte nun die abgebildeten Personen mit den richtigen englischen Wörtern. Male dazu Verbindungsstriche zwischen den Personen und den Familien-Wörtern. In die leeren Klappkärtchen kannst du weitere Familienmitglieder eintragen.

Achtung:
Dein Foto muss hochkant aufgenommen sein und darf nicht größer als der Bilderrahmen sein (12 cm × 9 cm).

mother	father	brother	sister	me	

 **Schreibe auf das erste Klappelement „My hobbies".**

  **Klebe Fotos oder male Bilder auf die nächsten Karten, auf denen man dich bei deinen Hobbys sieht.**

 **Schreibe zu jeder Karte einen Satz auf („My hobby is …").**

 **Falte die Karten so, dass die Karte mit ‚My hobbies' oben ist. Klebe die Rückseite der letzten Karte in dein Lapbook.**

Schneide die Vorlage aus. Schneide die Linien zwischen den Smileys ein.

Falte die Klappelemente an der gestrichelten Linie.

Klebe die Rückseite der Klappkarte in dein Lapbook ein.

Male Sachen, die du magst und die du nicht magst, unter die richtigen Klappkarten.

- **Sachen, die du magst, malst du unter die Kärtchen mit dem grinsenden Smiley.**
- **Sachen, die du nicht magst, malst du unter die Kärtchen mit dem traurigen Smiley.**

Schreibe einen Satz dazu.

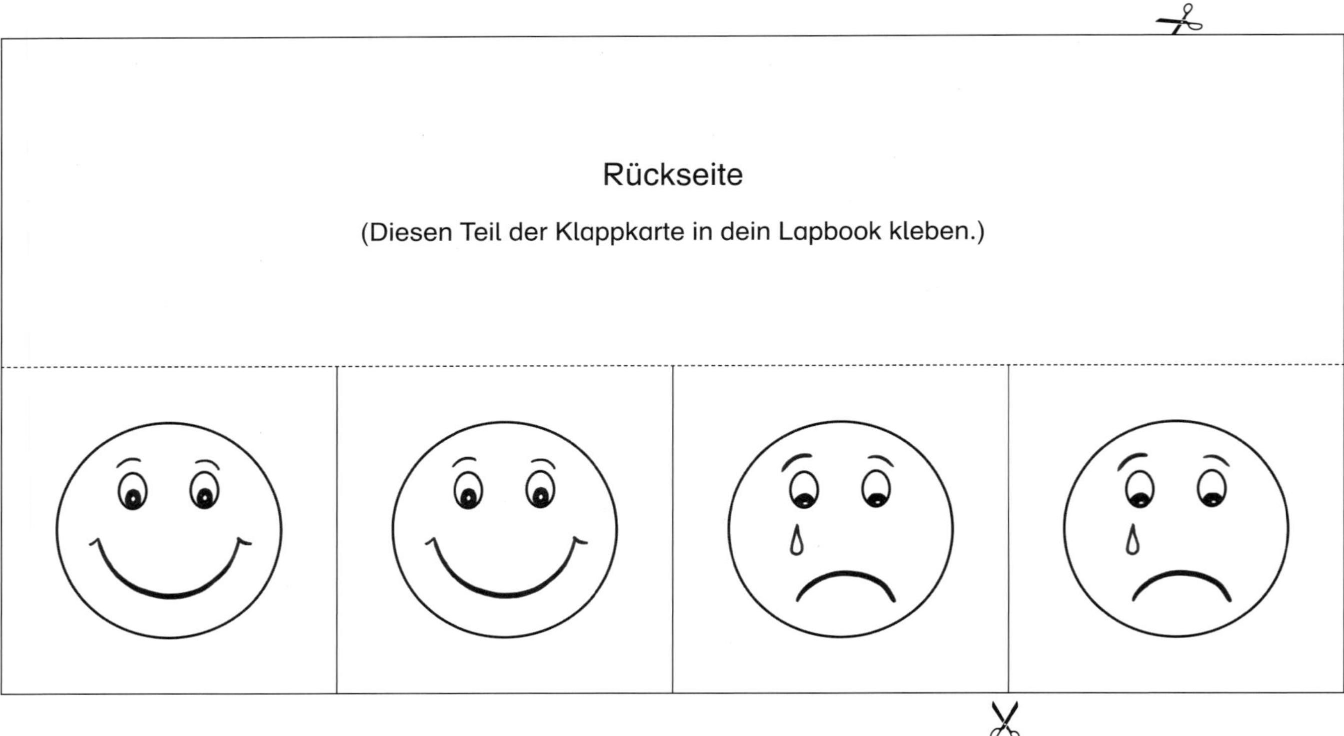

Hier ist ein Beispiel, wie dein Bild unter der Klappkarte aussehen kann.

Schneide die Vorlage aus.

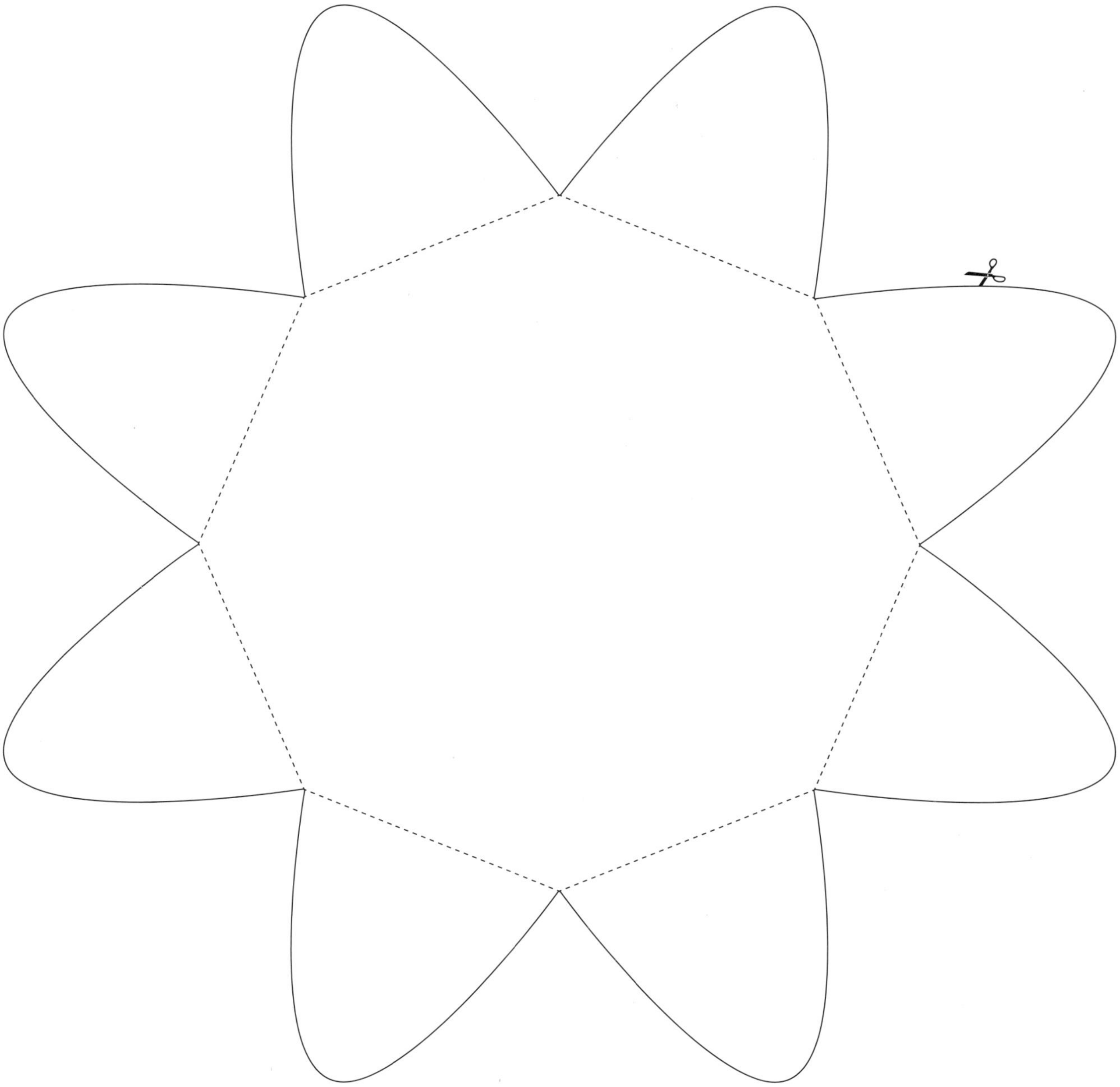

Klebe in die Mitte der Blume ein Foto von dir.

Beantworte auf den Blütenblättern folgende Fragen:
- **What is your name?**
- **How old are you?**
- **When is your birthday?**
- **Where are you from? Where do you live?**
- **What is your favourite subject?**
- **What is your favourite food?**
- **What do you like to do? What don't you like to do?**
- **What is your favourite hobby?**

Schreibe einen kurzen Text über dich in dein Englischheft.

Folgende Sätze kannst du nutzen. Du musst nur noch die Lücken füllen.

- My name is ______________________.
- I'm ______________________ years old.
- My birthday is on the ______________________.
- I'm from ______________________. I live in ______________________.
- My favourite subject in school is ______________________.
- My favourite food is ______________________.
- I like to ______________________ but I don't like to ______________________.
- My favourite hobby is ______________________.

Klebe deine ‚That's me-Blume' in dein Lapbook.

Schreibe den kurzen Text über dich in Schönschrift unter deine ‚That's me-Blume'.

Informiere dich.
Lies den Text oder lass ihn dir vorlesen.

Colours

We live in a colourful world. The sun is yellow and the sky is blue. Clouds are white. We see many colours. The grass is green and water is blue.

We use colours to describe things. My favourite T-shirt is red and my teddy bear is brown. I have blue eyes and black hair.

Farben

Wir leben in einer farbenfrohen Welt. Die Sonne ist gelb und der Himmel ist blau. Wolken sind weiß. Wir sehen viele Farben. Das Gras ist grün und Wasser ist blau.

Wir benutzen Farben, um Dinge zu beschreiben. Mein Lieblings-T-Shirt ist rot und mein Teddybär ist braun. Ich habe blaue Augen und schwarzes Haar.

Clowns

Clowns are funny people.

They laugh all the time. They make jokes and do funny things. Sometimes they do tricks with balls.

Clowns wear very colourful clothes. They can wear a pink shirt with orange pants and light blue shoes.

Clowns

Clowns sind lustige Menschen.

Sie lachen die ganze Zeit. Sie machen Witze und tun lustige Sachen. Manchmal machen sie Tricks mit Bällen.

Clowns tragen sehr bunte Kleidung. Sie können ein pinkes Shirt mit orangenen Hosen und hellblauen Schuhen tragen.

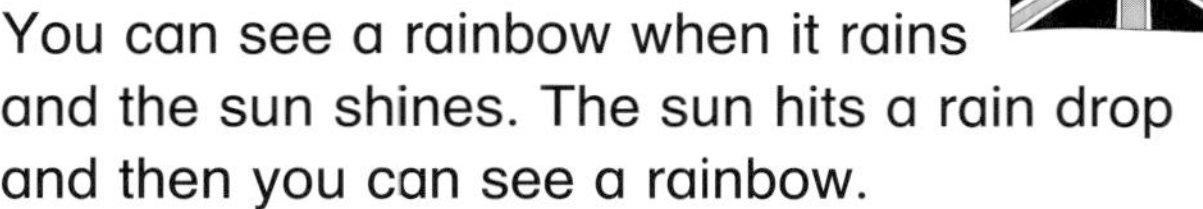

Rainbows

You can see a rainbow when it rains and the sun shines. The sun hits a rain drop and then you can see a rainbow.

A rainbow has many colours. The colours we can see are red, orange, yellow, green, blue, indigo blue, and purple. It has more colours but we can't see them.

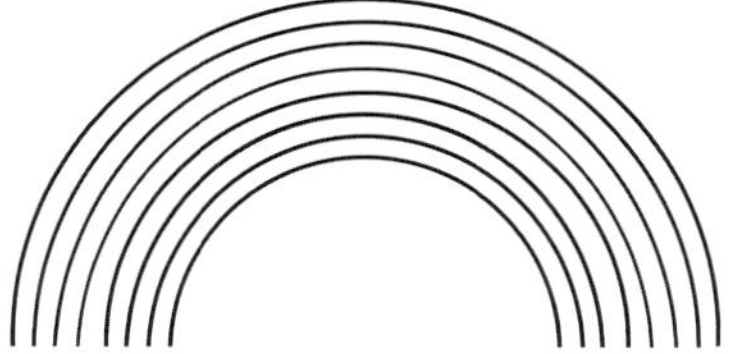

Regenbögen

Du kannst einen Regenbogen sehen, wenn es regnet und die Sonne scheint. Die Sonne trifft auf einen Regentropfen und dann kann man einen Regenbogen sehen.

Ein Regenbogen hat viele Farben. Die Farben, die wir sehen können, sind rot, orange, gelb, grün, blau, indigo-blau und lila. Er hat noch mehr Farben, aber die können wir nicht sehen.

Male den Regenbogen aus und schreibe deinen Namen in die linke Wolke.

Klebe die linke Wolke und etwas mehr als die Hälfte des Regenbogens auf die linke Klappseite deines Lapbooks.

Klebe nun auf die Rückseite der rechten Wolke einen Klettstreifen. Klebe das Gegenstück auf die rechte Klappseite deines Lapbooks.

Schneide die Sonne aus und klebe sie als Verzierung auf dein Lapbook.

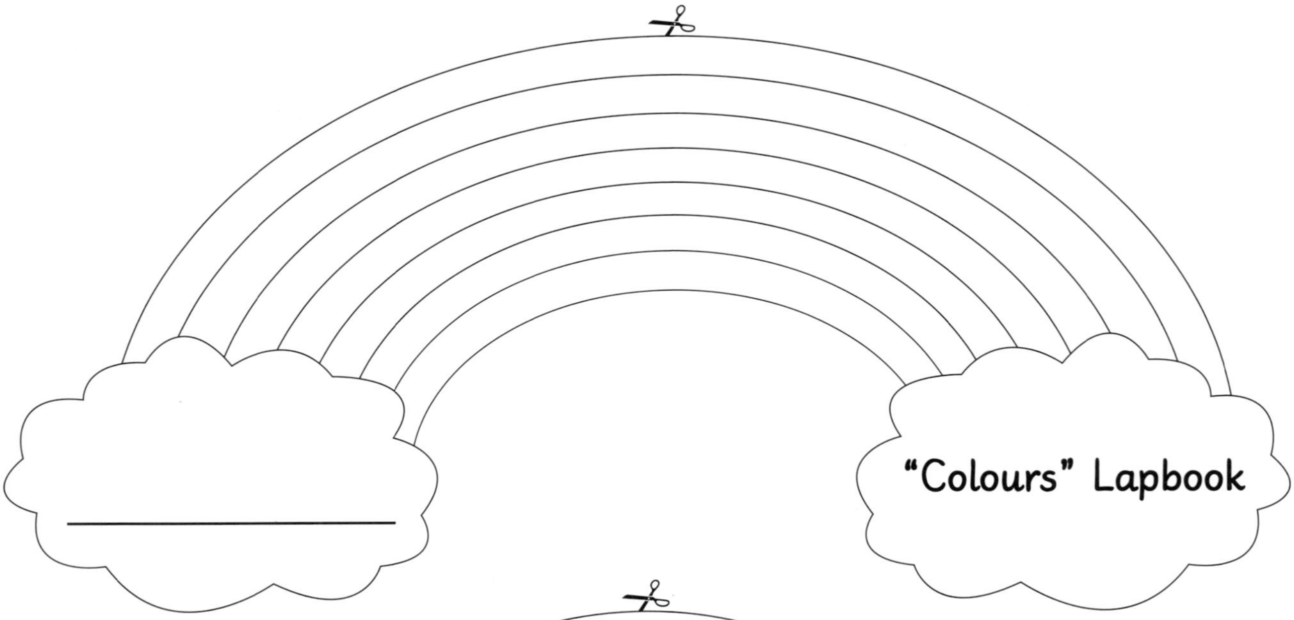

"Colours" Lapbook

Male die Bildkarten mit den großen Kreisen in folgenden Farben aus:

- **weiß**
- **gelb**
- **orange**
- **pink**
- **rot**
- **lila**
- **braun**
- **grün**
- **blau**
- **schwarz**
- **hellgelb**
- **dunkelrot**

Male die Bildkarten mit den Streifen und den kleinen Punkten folgendermaßen aus:

- **grüne und lila Streifen**
- **ein orangener Streifen**
- **bunte Punkte**
- **ein blauer Punkt**

Schneide die kleinen Wortkarten aus und klebe sie auf die Rückseite der passenden Bildkarten.

white	yellow	orange	pink
red	purple	brown	green
blue	black	light yellow	dark red
rainbow	skin	lips	hat
hair	nose	shirt	pants
shoes	flower	green and purple stripes	an orange stripe
colourful spots	a blue spot		

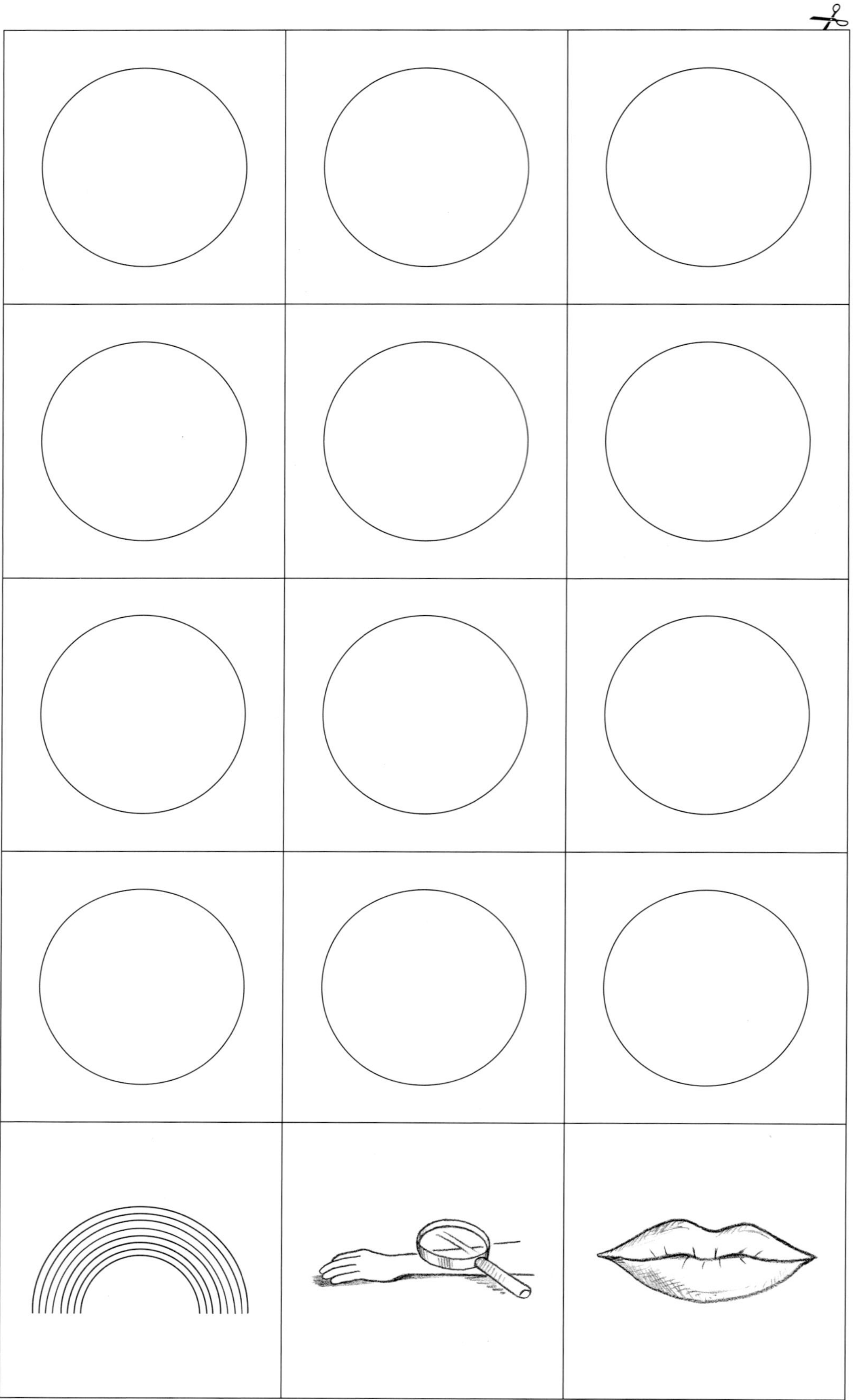

Male die Farbnamen in den entsprechenden Farben aus.

Schneide die Vorlage aus und klebe die Klebekante an den ersten Abschnitt.

Falte die Vorlage an den gestrichelten Linien, sodass ein Fächer entsteht. Als erste Karte muss man ‚colours' lesen können.

Klebe die Rückseite von ‚dark green' in dein Lapbook.

colours
white
yellow
orange
pink
red
purple

Klebekante – hier an ‚purple' kleben
brown
green
blue
black
light blue
dark green

Schaue dir Bilder von einem Regenbogen an.
Du kannst dafür Fotos, Bücher oder auch das Internet nutzen.

Mögliche Internetseiten sind:
www.blinde-kuh.de, www.kindersache.de

Male den Regenbogen in den richtigen Farben aus.

Schneide das Regenbogenbild aus und klebe es in dein Lapbook.

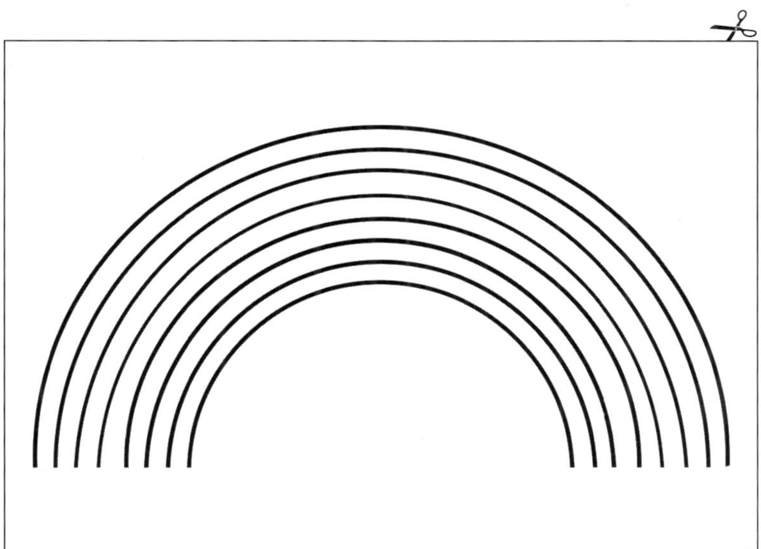

Schneide die Farbwörter aus und klebe sie um dein Regenbogenbild herum auf.

Beschrifte nun die einzelnen Bögen des Regenbogens mit den richtigen Farben. Male dazu Verbindungsstriche.

red	orange	yellow
green	purple	blue

Male die Felder in den angegebenen Farben aus.

Schneide die Vorlagen aus.

Klebe die bunte Scheibe in dein Lapbook.

Lege die zweite Scheibe auf die festgeklebte Scheibe und verbinde sie mit einer Musterklammer.

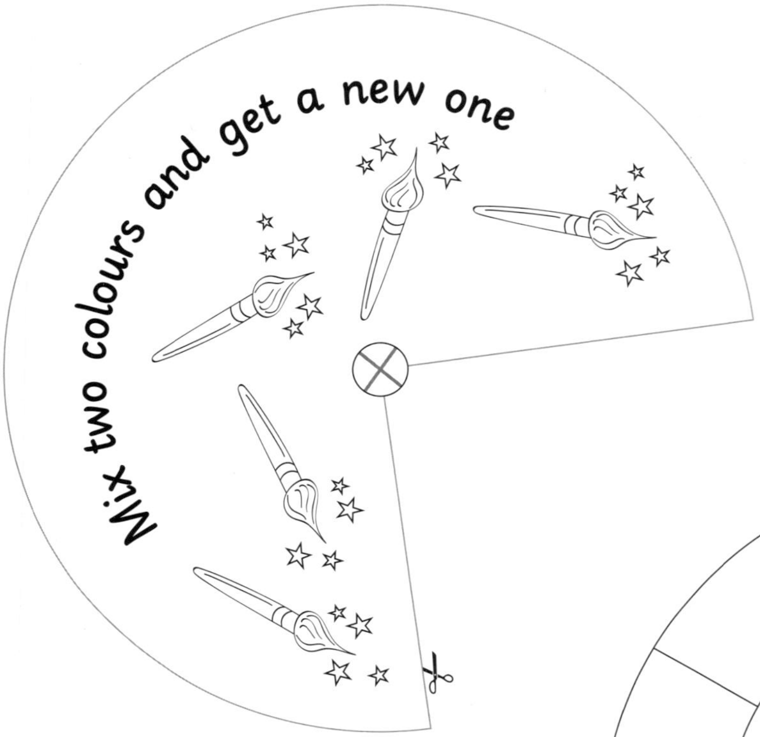

Mix two colours and get a new one

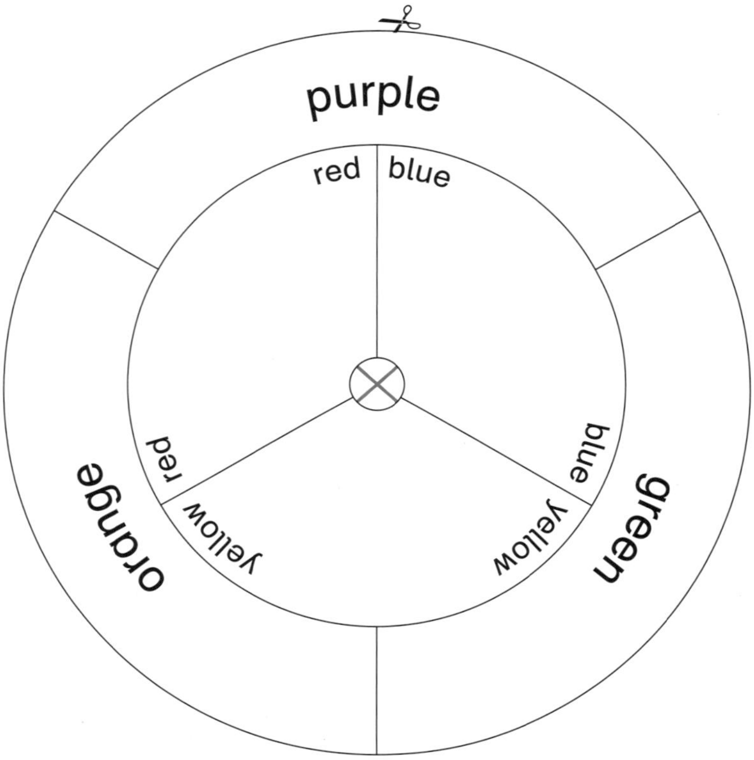

purple

red | blue

orange

red | yellow

green

blue | yellow

Male die Kreise in den angegebenen Farben aus.

Löse die Farbrechenaufgaben. Male dazu den letzten Kreis aus und klebe das passende Wort in das letzte freie Feld.

Schneide die einzelnen Farbrechenaufgaben aus und klebe sie in dein Lapbook.

◯	+	◯	=	◯	
red		blue			

◯	+	◯	=	◯	
yellow		red			

◯	+	◯	=	◯	
blue		yellow			

◯	+	◯	=	◯	
white		red			

purple	orange	green	pink

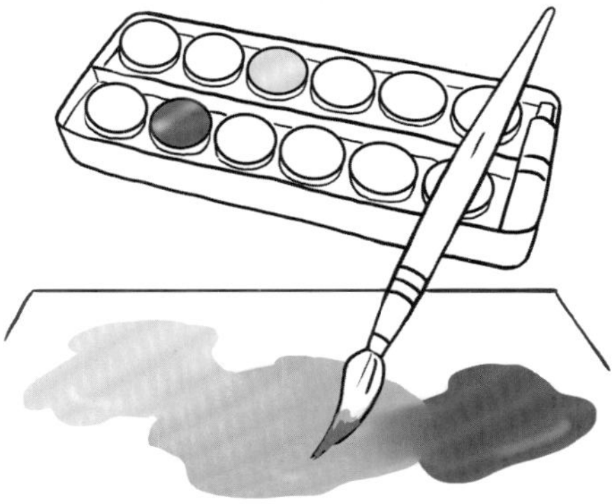

Lies dir die beiden Beschreibungen der Clowns genau durch. Wenn du ein Wort nicht kennst, nutze deine *Treasure Box* oder ein Wörterbuch als Hilfe.

Finde das passende Bild zu der Beschreibung und male die Clowns aus.

Klebe danach die Beschreibung außen auf die Vorlage.

Klebe die Vorlage in dein Lapbook.

The clown has got brown skin.

His hair is yellow.

He has got a red nose and red lips.

His shirt is blue with green spots.

He wears purple pants.

He has got black shoes.

The clown has got white skin.

His hair is orange.

On his head he has got a brown hat.

On his hat there is a pink flower.

His shirt is purple.

He wears red pants with green stripes.

He has got yellow shoes.

Schreibe eine eigene Beschreibung deines Lieblingsclowns zunächst in dein Englischheft.

Folgende Sätze kannst du nutzen. Du musst nur noch die Lücken füllen.

- My clown has got ________________ skin.
- His hair is ________________.
- On his head he has got a ________________ hat.
- On his hat there is a ________________ flower.
- He has got a ________________ nose and ________________ lips.
- His shirt is ________________.
- He wears ________________.
- He has got ________________ shoes.

Male die große Ausmalvorlage des Clowns so aus, wie es in deiner Beschreibung steht.

Schneide dein Clownsbild aus und klebe es in dein Lapbook.

Schreibe deine Beschreibung in Schönschrift neben dein Clownsbild.

Informiere dich.
Lies den Text oder lass ihn dir vorlesen.

School things

In school, you need a lot of things. Those things are in your school bag. You need a lunch box, a pencil case, some exercise books, and some school books. You need them every day.

Schulsachen

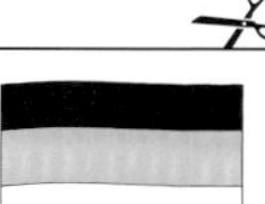

In der Schule brauchst du viele Sachen. Diese Sachen sind in deinem Schulranzen. Du brauchst eine Brotdose, ein Mäppchen, ein paar Hefte und ein paar Bücher. Du brauchst sie jeden Tag.

School subjects

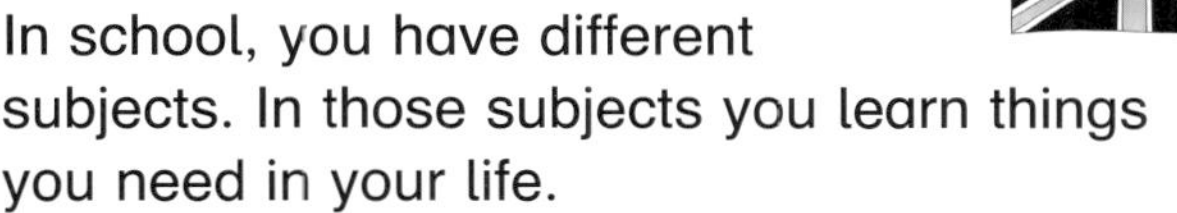

In school, you have different subjects. In those subjects you learn things you need in your life.

Subjects can be German, maths, religious education, English, and many more.

The favourite subject of many students is physical education (PE).

Schulfächer

In der Schule gibt es verschiedene Schulfächer. In diesen Schulfächern lernst du Sachen, die du in deinem Leben brauchst.

Schulfächer können Deutsch, Mathe, Religion, Englisch und viele andere Fächer sein.

Das Lieblingsfach vieler Schüler ist Sport.

Timetable

Every student gets a timetable. In this timetable the students see what subjects they have every day.

You need a timetable to know which books and exercise books you need to bring to school.

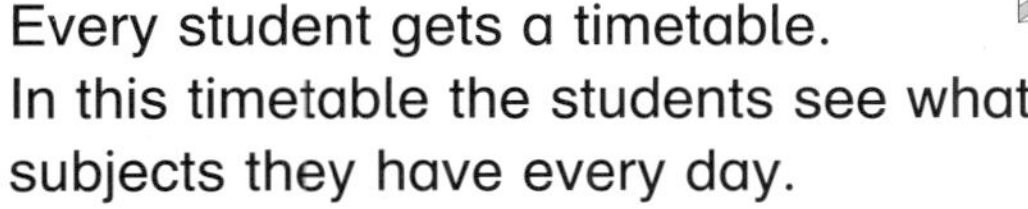

Tuesday	Wednesday
German	Art
Maths	Music
English	PE
Science	PE

Stundenplan

Alle Schüler bekommen einen Stundenplan. In diesem Stundenplan sehen sie, welche Fächer sie an den Tagen haben.

Du brauchst einen Stundenplan, um zu wissen, welche Bücher und Hefte du an diesem Tag mit zur Schule bringen musst.

Schneide die Vorlage aus.

Male den Schulranzen aus und schreibe deinen Namen auf das Namensschild.

Klebe die linke Hälfte des Schulranzens auf die linke Klappseite deines Lapbooks.

Klebe nun auf die rechte Rückseite deines Schulranzens einen Klettstreifen. Klebe das Gegenstück auf die rechte Klappseite deines Lapbooks.

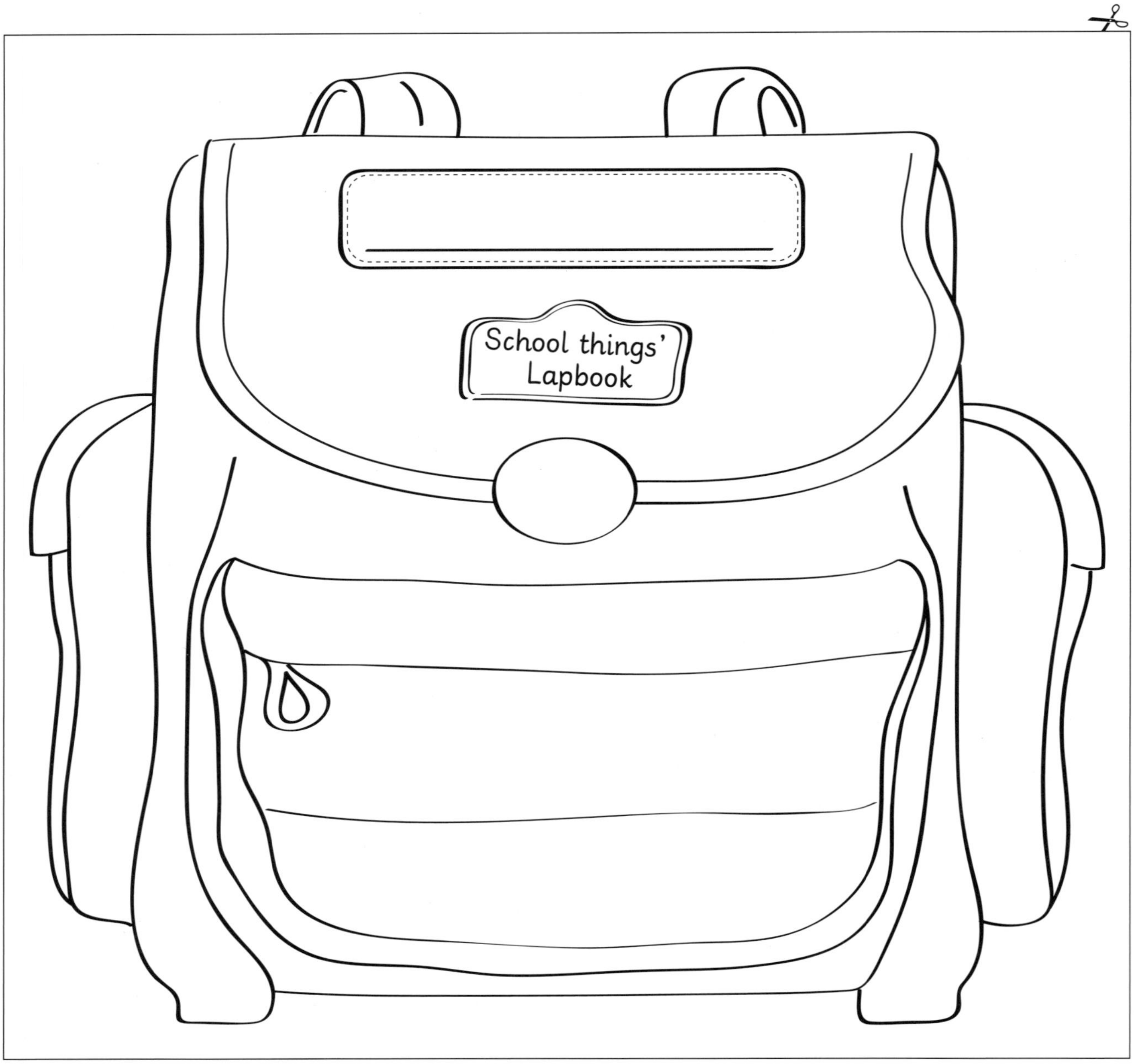

School things'
Lapbook

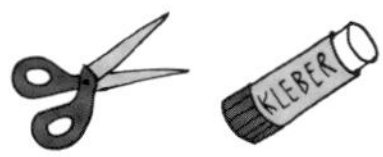

Schneide die Wortkarten aus und klebe sie auf die Rückseite der passenden Bildkarten.

school bag	lunch box	pencil case	pencil sharpener
rubber	ruler	pen	pencil
coloured pencils	felt tips	calculator	exercise book
book	highlighter	(a pair of) scissors	glue stick
paint	paintbrush	paper	maths
social studies	biology	art	music
physical education (PE)	religious education (RE)	German	English
timetable	lesson	break	I have …
There is …	There are …		

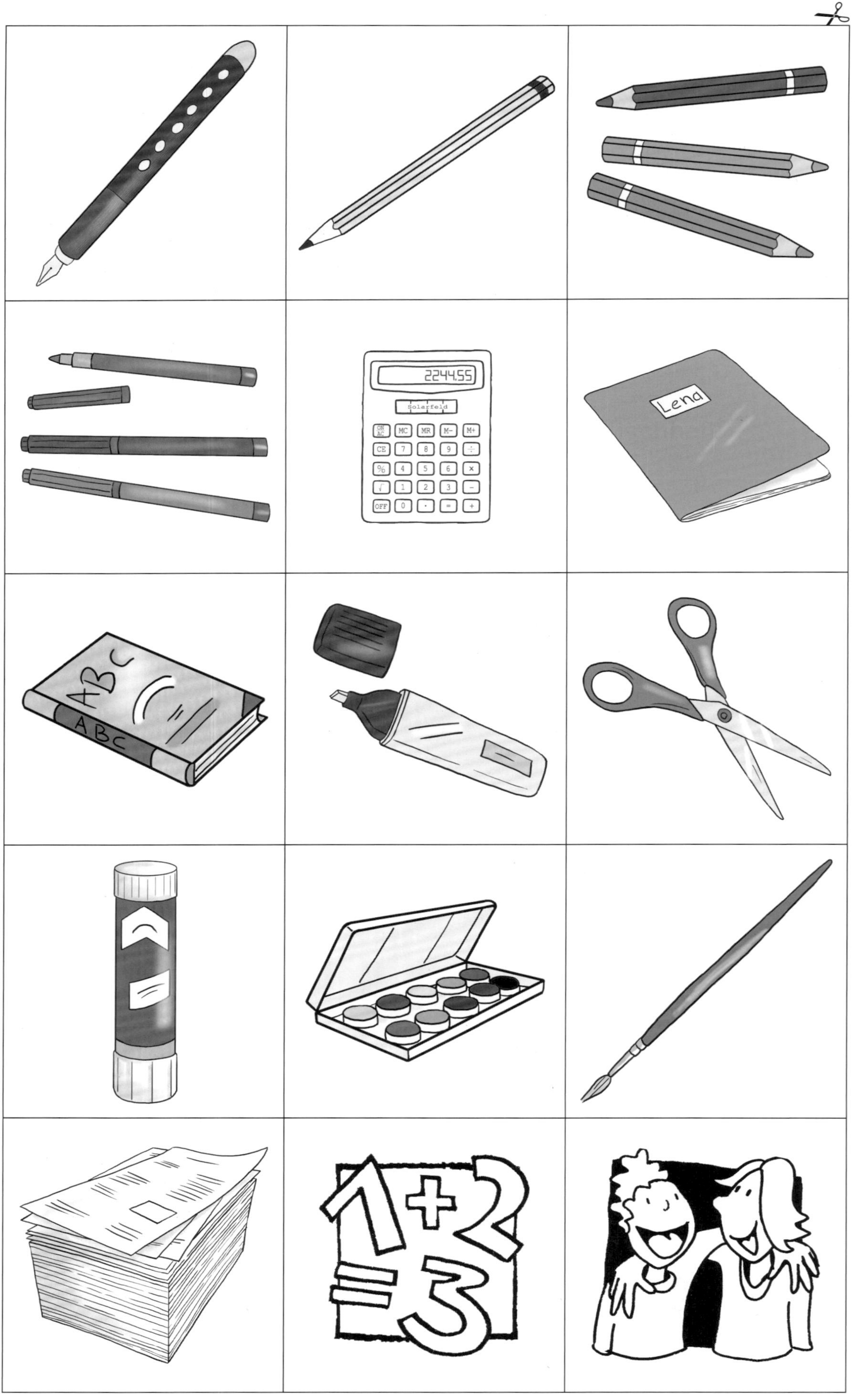
2244.55
Solarfeld
Lena
ABC
ABC
1+2
=3

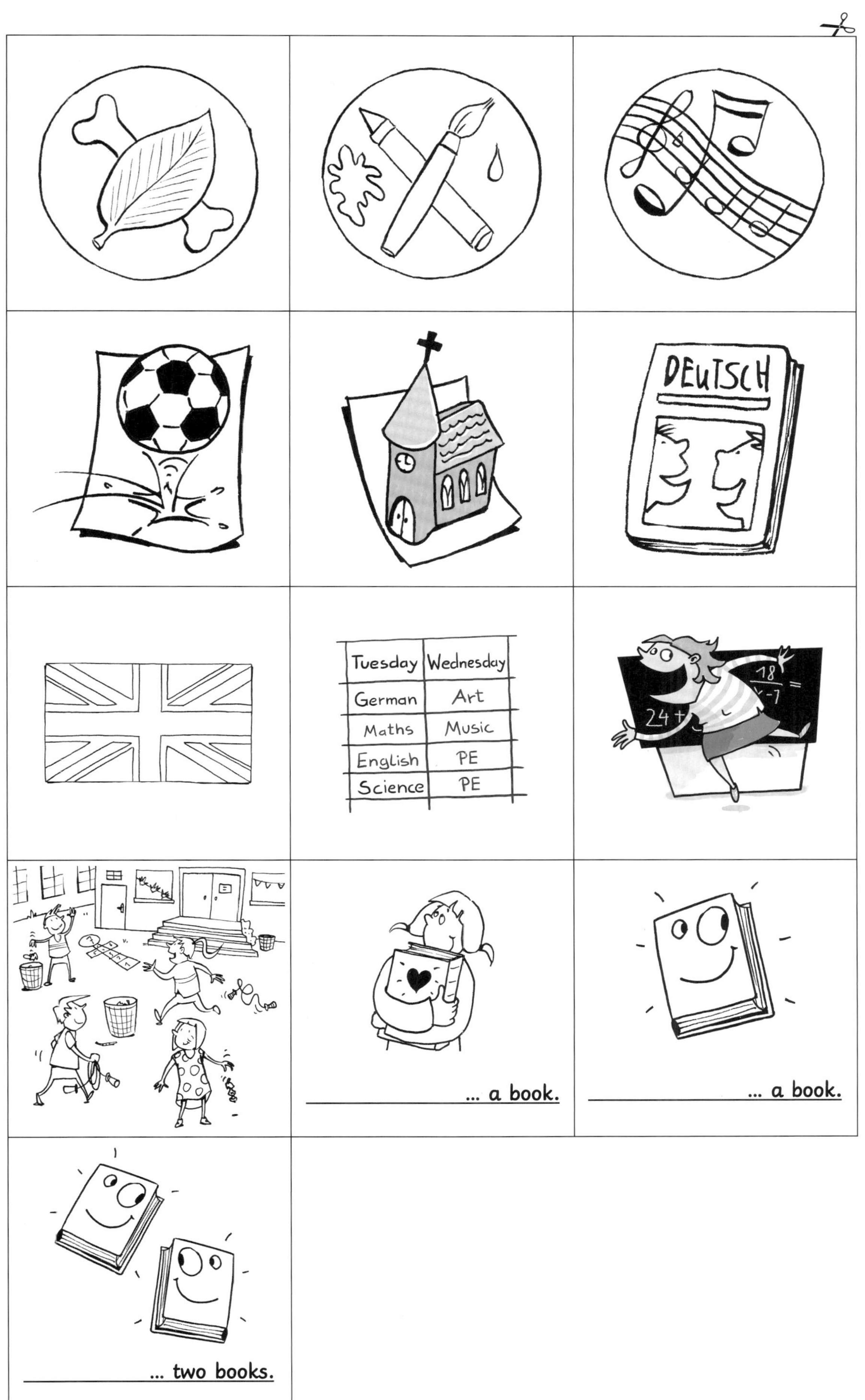
DEUTSCH
Tuesday
Wednesday
German
Art
Maths
Music
English
PE
Science
PE
... a book.
... a book.
... two books.

Lies dir die Beschreibungen der Schulfächer genau durch.

Klebe das passende Wort in das mittlere Feld und male außen auf die Klappkarte ein passendes Bild.

Schneide die Beschreibungen aus und klebe sie in dein Lapbook.

In this subject, you learn the language that the Queen of England speaks.		
Here you learn that 5 · 7 is 35.		
In this subject you draw pictures.		
Here you sing songs and play instruments.		
In this subject you read and write many texts.		
In this subject you get active and do sports.		
Here you learn something about animals and plants, the history of your town, and many other things about life.		
Here you talk about God, read stories about him, and sing songs.		

music	RE
art	social studies
maths	PE
English	German

Schneide die drei Scheiben aus.

Klebe die Scheibe mit den Bildern in dein Lapbook.

Lege die kleine Scheibe auf die Scheibe mit den Bildern.
Lege dann die große Scheibe mit dem herausgeschnittenen Teil auf die kleine Scheibe und verbinde alle drei Scheiben mit einer Musterklammer.

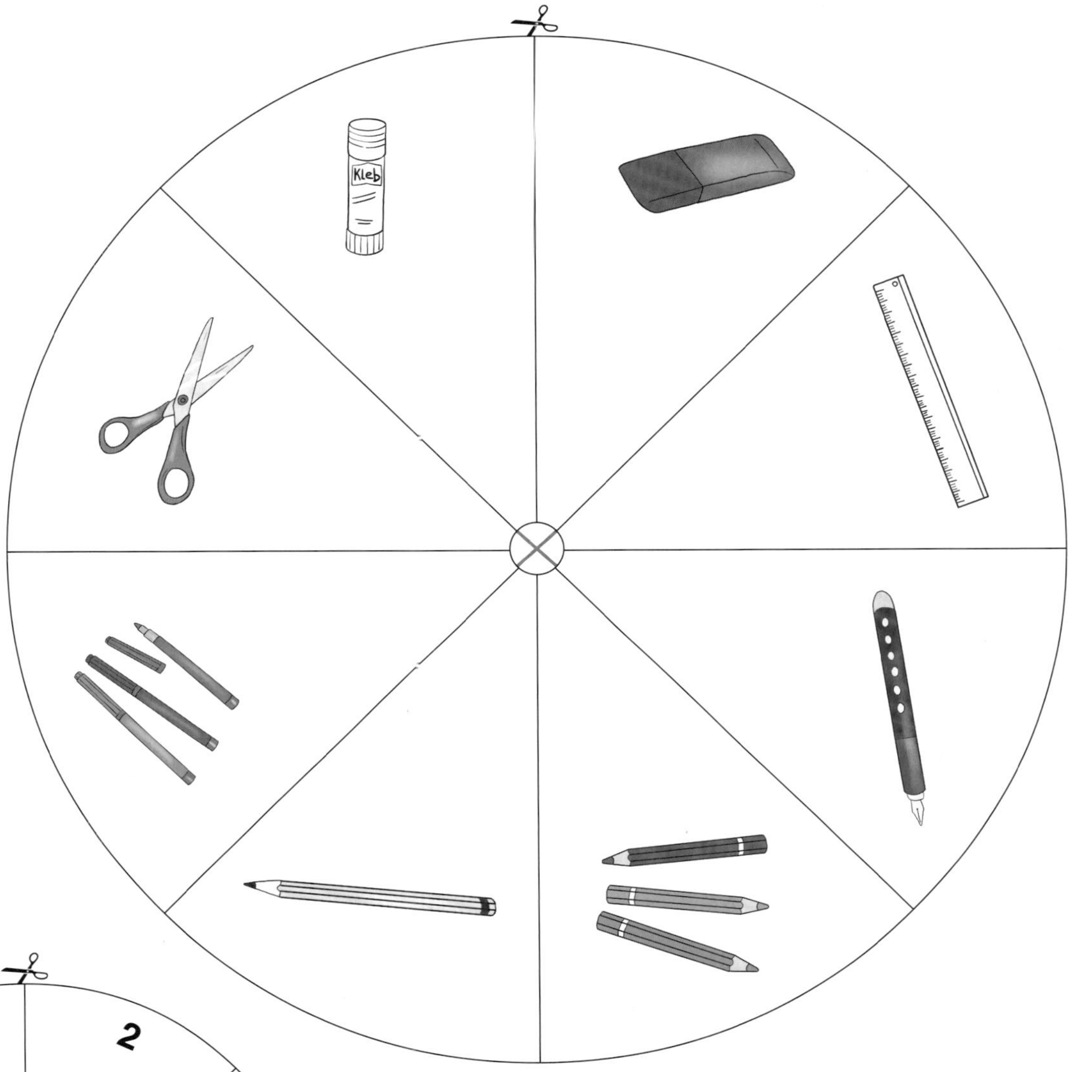

Kleb

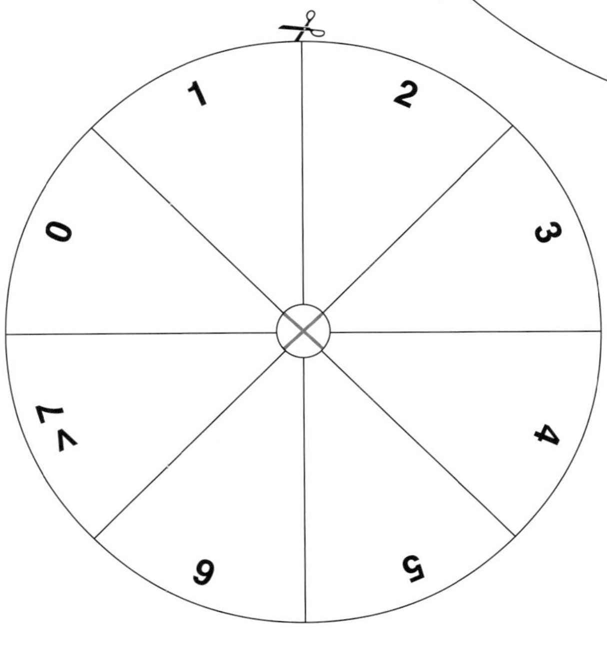

1 2 3 4 5 6 >7 0

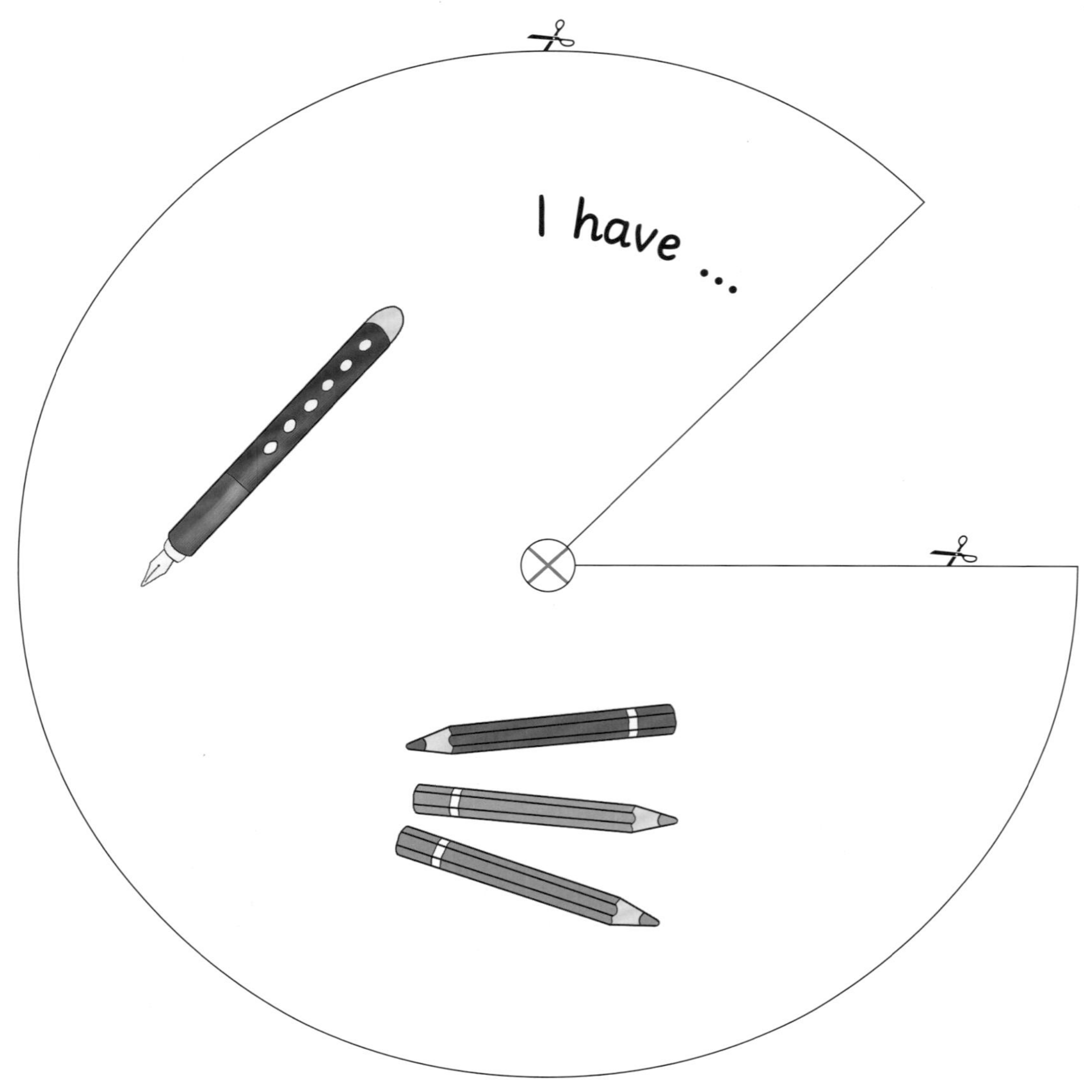

Du kannst die Scheiben drehen. So kannst du den Inhalt deines Mäppchens anzeigen.

Bilde nun Sätze mit den Dingen, die dir angezeigt werden.

Beispiel 1:
Zeigt die eine Scheibe die Zahl 2 an und die andere Scheibe steht auf dem Füller, kannst du folgenden Satz damit bilden.

I have two pens in my pencil case.

Beispiel 2:
Zeigt die Scheibe dir die Zahl > 7 an und die andere Scheibe steht auf dem Filzstift, kannst du folgenden Satz damit bilden.

I have more than seven felt tips in my pencil case.

Lies dir die Beschreibung des Stundenplans durch und vergleiche sie mit dem abgebildeten Stundenplan. Welche Schulfächer fehlen?

Schneide die Vorlagen aus.

Klebe die Klappkärtchen mit den Schulfächern an die richtigen Stellen im Stundenplan.

Klebe die beiden Vorlagen in dein Lapbook.

- My favourite days are Tuesdays and Fridays because school finishes after the fourth lesson.
- Every Monday, I start the day with two German lessons. After that, I have two religious education lessons and one social studies lesson.
- On Tuesdays and Fridays, I start my day with two maths lessons.
- On Tuesday, I also have two art lessons.
- On Wednesday, I have six lessons. The day starts with two English lessons.
- After English class on Wednesday, I have two music lessons. The last two lessons are German.
- On Thursday I have five lessons. The day starts with two social studies lessons and it ends with one maths lesson.
- On Thursday between social studies and maths, I have two German lessons.
- On Friday after maths, I have two PE lessons. Then the weekend starts!

	Monday	Tuesday	Wednesday	Thursday	Friday
1.	German	Maths	???	Social Studies	???
2.	German	Maths	English	Social Studies	???
3.	RE	Art	Music	German	PE
4.	RE	Art	Music	German	PE
5.	???	---	???	Maths	---
6.	---	---	German	---	---

German	Maths	Social Studies	Maths	English

Trage in die unten abgebildete Stundenplanvorlage deinen Traumstundenplan ein. Du kannst Schulfächer weglassen, die du nicht magst, und deine Lieblingsfächer mehrmals eintragen. Auch eine Freistunde (free period) ist erlaubt.

	✶ Monday ✶	✶ Tuesday ✶	✶ Wednesday ✶	✶ Thursday ✶	✶ Friday ✶
1.					
2.					
3.					
4.					
5.					
6.					

Schreibe eine Beschreibung deines Traumstundenplans zunächst in dein Heft.

Folgende Sätze kannst du nutzen.

- On Monday/Tuesday/Wednesday/Thursday/Friday, I have … lessons.
- On Monday/Tuesday/Wednesday/Thursday/Friday, I start my day with ….
- In the 1st/2nd/3rd/4th/5th/6th lesson I have ….
- I have one … lesson. / I have two … lessons.
- After that I have … .
- I have one/two … lesson(s) and then I have … .
- The last lesson of the day is …. / The last two lessons of the day are ….

Schneide deinen Traumstundenplan aus und klebe ihn in dein Lapbook.

Schreibe deine Beschreibung in Schönschrift unter deinen Traumstundenplan in dein Lapbook.

Schneide die Bastelvorlage des Mäppchens aus und beschrifte es mit deinem Namen.

Klebe die Vorlage mit der Rückseite in dein Lapbook.

Male den Inhalt deines Mäppchens in die Vorlage.

Erzähle und zeige einem Partner, was alles in deinem Mäppchen ist.

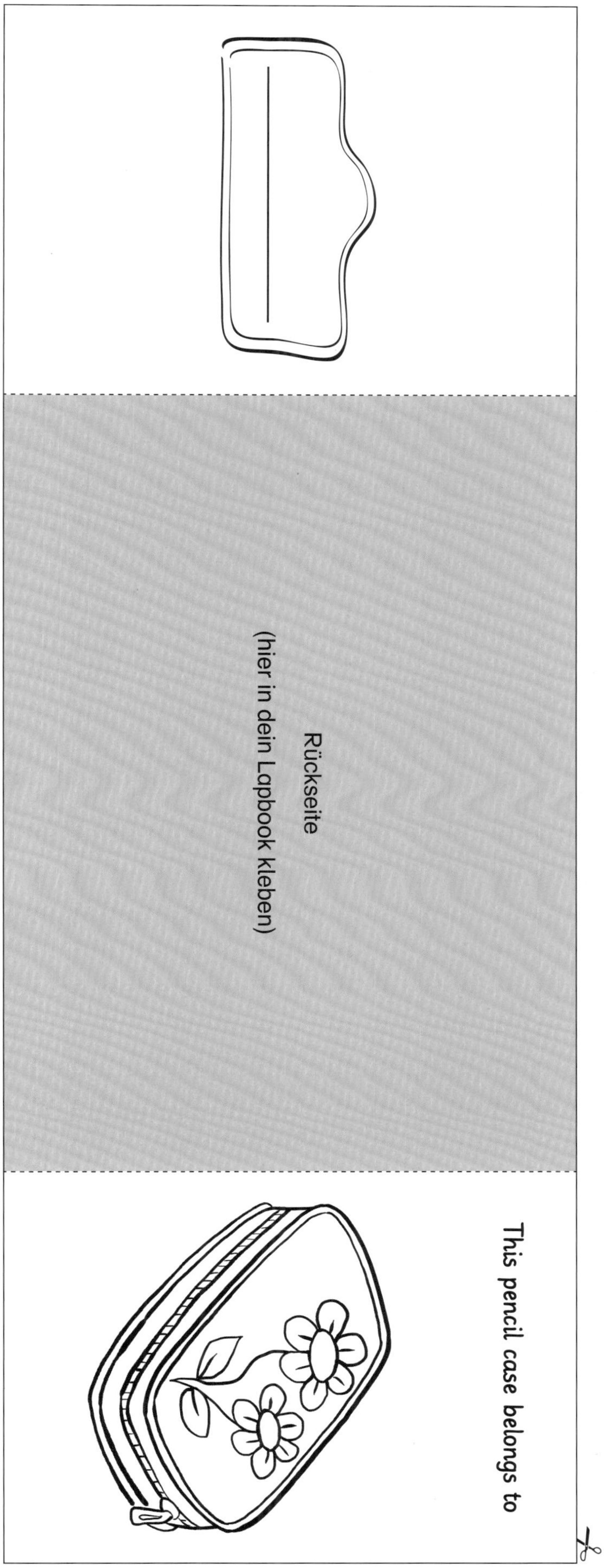

Rückseite
(hier in dein Lapbook kleben)

This pencil case belongs to

Informiere dich.
Lies den Text oder lass ihn dir vorlesen.

Pets

Pets are animals that live together with people. They are part of the family and live in the same house as the family.

Typical pets are dogs, cats, fish, birds, hamsters, and guinea pigs.

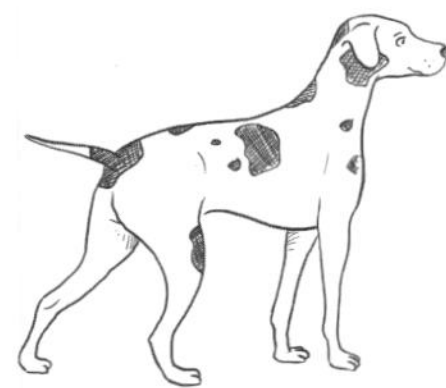

Haustiere

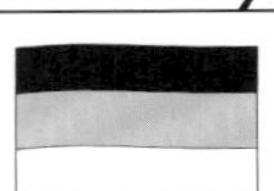

Haustiere sind Tiere, die mit Menschen zusammenleben. Sie sind Teil der Familie und leben im selben Haus wie die Familie.

Typische Haustiere sind Hunde, Katzen, Fische, Vögel, Hamster und Meerschweinchen.

Farm animals

Farm animals live on a farm.
A farmer takes care of them. They don't live in the same house as the farmer. Usually they live in a barn with other farm animals.

Typical farm animals are cows, pigs, horses, sheep, donkeys, ducks, chickens, and a cockerel.

Bauernhoftiere

Bauernhoftiere leben auf einem Bauernhof. Ein Bauer pflegt sie. Sie leben nicht im gleichen Haus wie der Bauer. Normalerweise leben sie in einem Stall mit anderen Bauernhoftieren.

Typische Bauernhoftiere sind Kühe, Schweine, Pferde, Schafe, Esel, Enten, Hühner und ein Hahn.

  **Male die Tiere aus und schreibe deinen Namen auf das Namensschild.**

 **Klebe die linke Hälfte der Karte auf die linke Klappseite deines Lapbooks.**

 **Klebe nun auf die rechte Rückseite deiner Karte einen Klettstreifen. Klebe das Gegenstück auf die rechte Klappseite deines Lapbooks.**

Pets

Farm animals

Lapbook

name:

Schneide die Wortkarten aus und klebe sie auf die Rückseite der passenden Bildkarten.

pet(s)	dog	cat	bird
fish	rabbit	guinea pig	hamster
farm animals	cow	horse	pig
donkey	duck	sheep	chicken/cockerel
vegetables	meat	(bird) seeds	hay
grass	tortoise	(to) sleep	(to) sing
(to) bark	(to) run	(to) play	(to) jump
(to) swim	aquarium	cage	barn
basket	hedgehog	mouse (mice)	goose (geese)

 **Male die Vorlage aus.**

 **Schneide die Vorlage aus und klebe die Klebekante an den ersten Abschnitt.**

Falte die Haustierliste an den gestrichelten Linien, sodass ein Fächer entsteht. Als erste Karte muss man ‚pets' lesen können.

 **Klebe den gefalteten Fächer mit der Rückseite von ‚tortoise' in dein Lapbook.**

Schneide die Vorlage aus.

Male die Bauernhoftiere aus.

Falte die Blütenblätter zur Mitte. Schreibe auf die Rückseiten der Blütenblätter die Namen der Tiere.

Klebe die Vorlage in dein Lapbook.

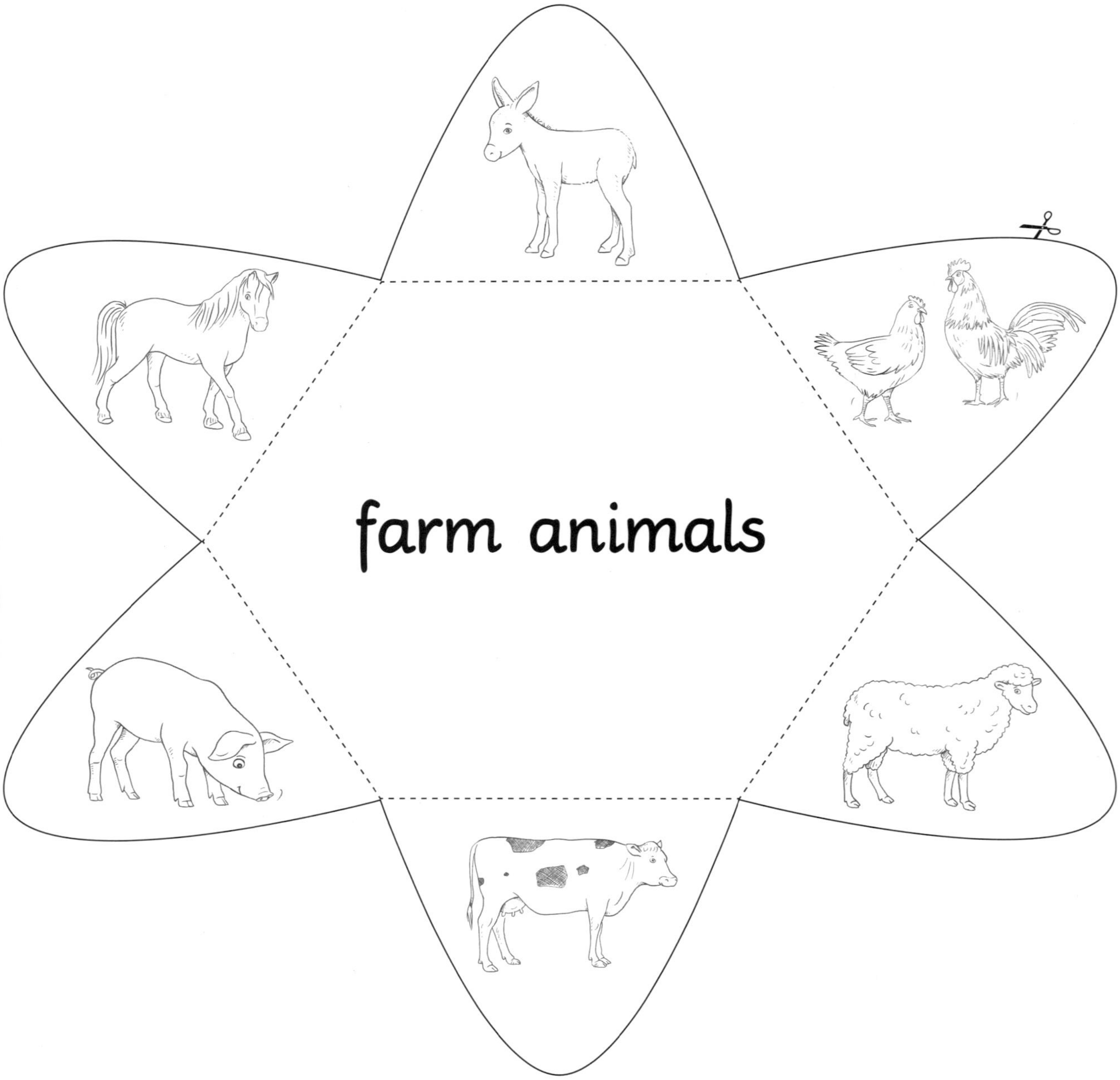

farm animals

Erzähle einem Partner, was du über die Tiere weißt.
Hier sind einige Satzanfänge, die dir dabei helfen können:

- This is a …
- It lives on a farm and sleeps in a …
- The cow is black and …
- It eats …

Schneide die Vorlage aus und schneide die Linien zwischen dem Tierfutter ein. Klebe die Rückseite der Vorlage in dein Lapbook.

Schreibe in die Vorlage unter die Bilder jene Tiere, die dieses Futter fressen.

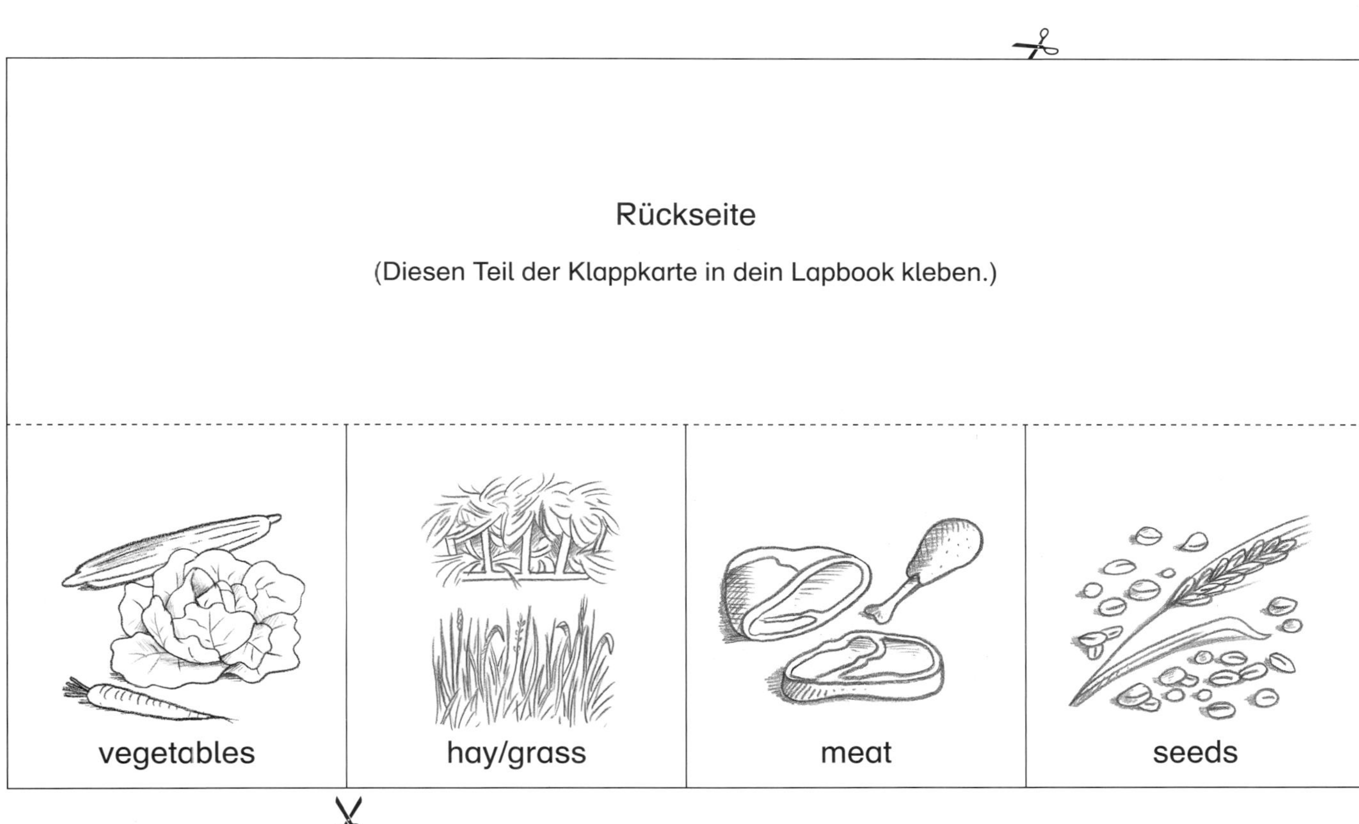

Erzähle einem Partner, was die verschiedenen Tiere fressen.
Hier sind einige Satzanfänge, die dir dabei helfen können:

- A bird eats …
- Pigs eat …
- Rabbits eat … and …

Lies dir die Beschreibungen genau durch.

Klebe das passende Wort in das mittlere Feld und male außen auf die Klappkarte ein passendes Bild.

Schneide die Vorlagen aus und klebe sie in dein Lapbook.

Dogs, cats, guinea pigs, birds, and hamsters are pets. They live in the …		
Cows, horses, pigs, donkeys, and sheep are animals who live on a …		
Dogs and cats sleep in a …		
A pet bird lives in a …		
Pet fish live in an …		
A rabbit stays outside most of the time and lives in a …		
Hamsters and sometimes guinea pigs live in a …		
Ducks, chickens and the cockerel live on a …		
Big farm animals like cows, horses, donkeys, and sheep live in a …		

barn	cage	farm	aquarium	house
basket	farm	cage	cage	

Schau dir das Wimmelbild genau an.

Schneide das Bild aus und klebe es in dein Lapbook.

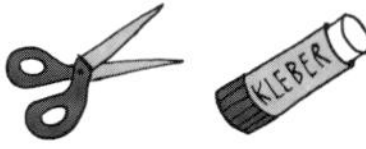

Schneide die Wortkärtchen aus und klebe sie an die richtige Stelle im Bild.

Was machen die Tiere im Bild? Schreibe Sätze in dein Englischheft.

Schreibe danach mindestens fünf dieser Sätze in Schönschrift unter das Wimmelbild.

dog	cat	rabbit	horse	cow	bird
goose	chicken	cockerel	hedgehog	mouse	hay
barn					

Informiere dich.
Lies den Text oder lass ihn dir vorlesen.

Food

Everyone needs food and we all like it. Most of the people eat everything. Some people only eat vegetables. They are vegetarians.

Usually we eat three times a day. In the morning we have breakfast. Around noon we have lunch. In the late afternoon or evening we have dinner.

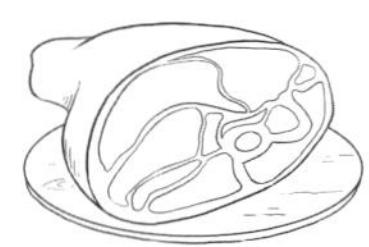
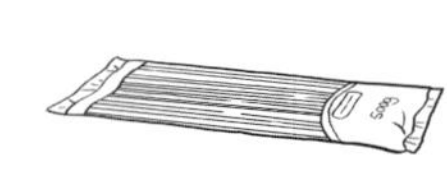
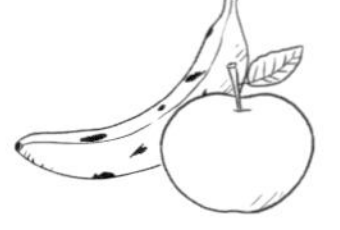

Essen

Jeder braucht Essen und wir alle essen gern. Die meisten Menschen essen alles. Einige essen nur Gemüse. Sie sind Vegetarier.

Üblicherweise essen wir dreimal am Tag. Morgens essen wir Frühstück, mittags Mittagessen und am späten Nachmittag oder abends Abendessen.

Drinks

It's important to drink a lot because your body needs the liquid.

There are different types of drinks: Water is very healthy. It can be still or sparkling. Juices are good for your body, too. You should not drink too much juice because it has a lot of sugar – just like lemonade.

Getränke

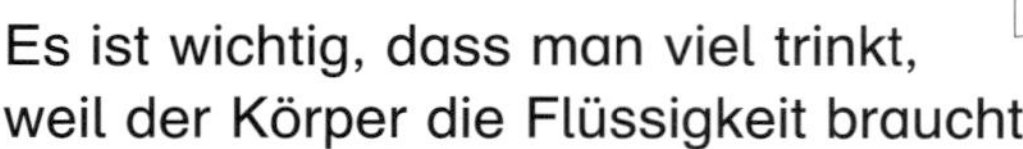

Es ist wichtig, dass man viel trinkt, weil der Körper die Flüssigkeit braucht.

Es gibt unterschiedliche Arten von Getränken: Wasser ist sehr gesund. Man bekommt es still und mit Kohlensäure. Auch Säfte sind gut für deinen Körper, aber du solltest nicht zu viel davon trinken, weil sie auch viel Zucker enthalten – genauso wie Limonade.

  **Male dein Lieblingsessen auf den Teller und schreibe deinen Namen auf die Linie am Tellerrand.**

 **Schneide die Vorlage aus.**

Klebe die linke Hälfte des Tellers auf die linke Klappseite deines Lapbooks.

Klebe nun auf die rechte Rückseite deines Tellers einen Klettstreifen. Klebe das Gegenstück auf die rechte Klappseite deines Lapbooks.

Schneide die kleinen Wortkarten aus und klebe sie auf die Rückseite der passenden Bildkarten.

breakfast	cereal / muesli	bread	bun(s)
jam	ham	cheese	butter
sausage	egg	lunch	sandwich
salad	lettuce	tomato(es)	cucumber
bell pepper	carrot(s)	soup	honey
dinner	pasta	potato(es)	rice
chicken	vegetables	fruit	banana
orange	lemonade	(apple) juice	tea
coffee	hot chocolate	still water / sparkling water	pie

Cream
cheese

choc
STILL
WATER

 **Schneide die Klappvorlage des Kühlschranks aus.**

 **Male auf die Außenseite des Kühlschranks eine Tür.**

 **Male Lebensmittel und Getränke in den Kühlschrank, die ihr zu Hause habt oder solche, die du dir in eurem Kühlschrank wünschst.**

 **Klebe die Klappkarte des Kühlschranks in dein Lapbook.**

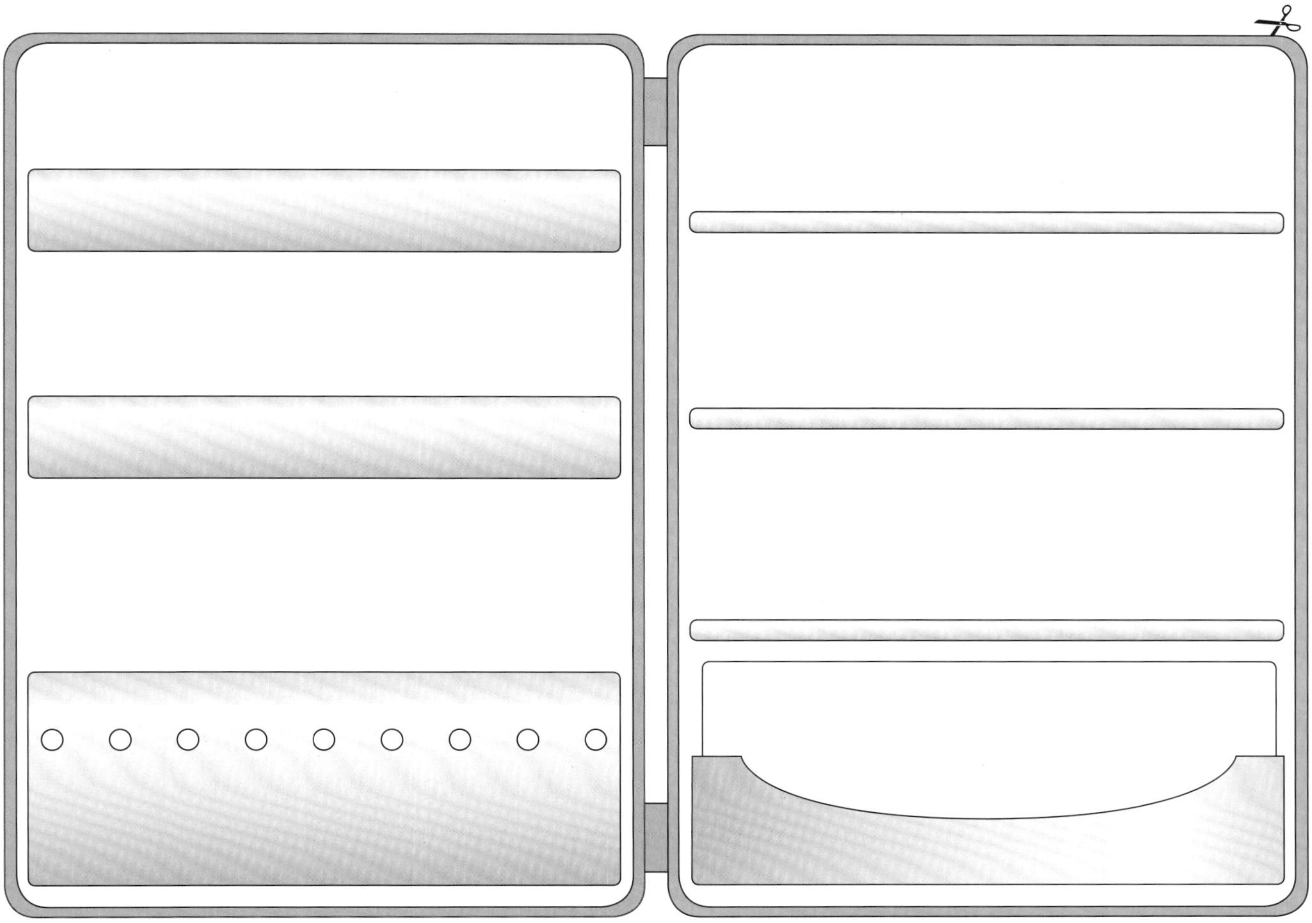

Erzähle einem Partner, was in deinem Kühlschrank ist.
Frage dann nach, was in seinem Kühlschrank ist.

Folgende Sätze können dir dabei helfen:

zum Erzählen:
- In my fridge, there is … / In my fridge, there are …
- I have (a) … in my fridge.

zum Nachfragen:
- What do you have in your fridge?
- Do you have (a) … in your fridge, too?

 **Schneide die Vorlage aus.**

 **Vervollständige die Sätze mit Getränken, die du zu diesen Tageszeiten oder während dieser Aktivitäten trinkst. Trage die Getränke in das mittlere Feld ein.**

 **Male außen auf die Klappkarte ein passendes Bild.**

 **Klebe die Klappkarten in dein Lapbook.**

In the morning, I like to drink …		
While I'm at school, I drink …		
For lunch, I like to have …		
When I do sports, I drink …		
When I'm at my friend's house I always drink …		
When I go to the cinema, I order …		
In a restaurant, I often drink …		
For dinner, I like to drink …		
Before I go to bed, I drink …		

Frage einen Partner, was er zu den verschiedenen Zeiten oder bei den verschiedenen Aktivitäten trinkt.

Beispiel: What do you like to drink …
- in the morning?
- while you are at school?

  **Schneide die Vorlage der Lunch Box aus und beschrifte sie mit deinem Namen.**

 **Klebe die Vorlage in dein Lapbook.**

 **Male in die Lunch Box die Sachen rein, die du normalerweise mit in die Schule nimmst.**

 **Schreibe auf die Innenseite des Deckels, was sich alles in deiner Lunch Box befindet.**

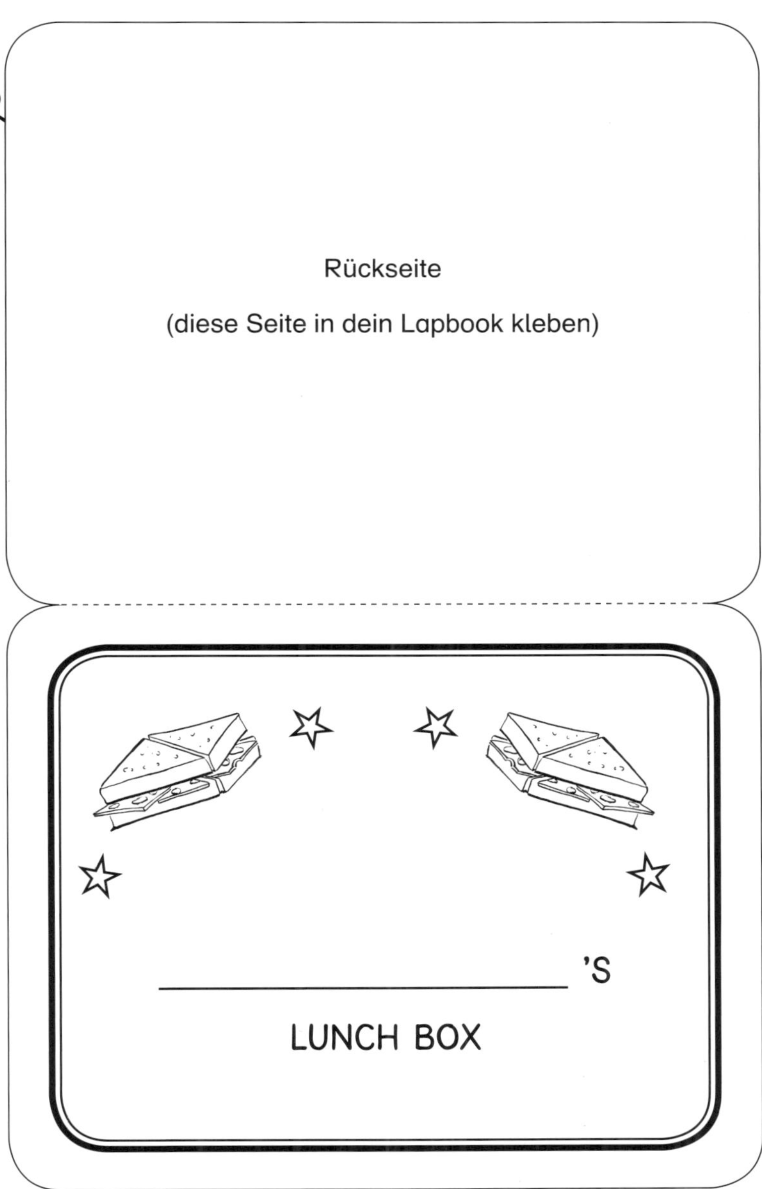

Hier sind ein paar Sätze, die dir bei der Beschreibung helfen können:

- In my lunch box, I have …
- I also have …
- There is … in my lunch box.
- There are … in my lunch box.

Lies dir die Speisekarte gut durch.

Schaue unbekannte Wörter in einem Wörterbuch nach.

Schneide die Vorlage aus und male sie an.

Klebe die Vorlage in dein Lapbook.

★★ Menu ★★

Breakfast

English breakfast
Buttered bread with eggs, grilled tomatoes, sausages, and beans

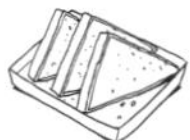

Muesli
Muesli with fruit

Continental breakfast
Buns with jam and honey
or buns with ham, eggs, and vegetables (tomatoes, cucumbers)

Lunch

Mixed salad
Lettuce with tomatoes, cucumbers, ham, and cheese

Soup
Tomato soup with bread

Sandwich
Buttered bread with ham and cheese
or buttered bread with tomatoes and mozzarella cheese

Dinner

Spaghetti with tomato sauce
and a small salad

Burger
Hamburger
or cheeseburger with chips

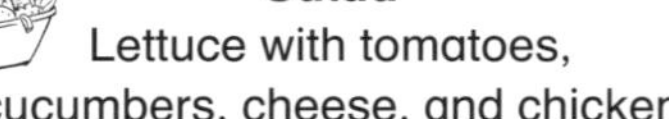

Salad
Lettuce with tomatoes, cucumbers, cheese, and chicken

Chicken and rice
Rice with a chicken-vegetable-curry sauce

Dessert

Ice cream
Chocolate, vanilla, or strawberry

Fruit salad

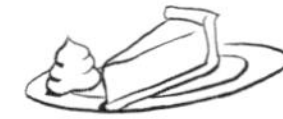

Pie
with a scoop of vanilla ice cream

Drinks

Hot and cold drinks

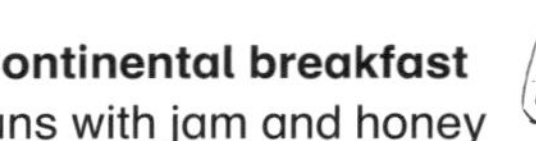

Lies dir die Sätze auf der Vorlage auf der nächsten Seite durch.
Es ist eine Unterhaltung zwischen einem Kellner und einem Gast.

Male die Seitenteile, die der Kellner sagt, grün an.
Male die Seitenteile, die der Gast sagt, blau an.

Schneide die Klappvorlage aus.

Verteile Kleber auf der Rückseite und klebe sie in dein Lapbook.
Du kannst nun die Seitenteile einklappen. Grüne und blaue Streifen sollten sich abwechseln.

Hallo, mein Name ist Peter. Wie kann ich Ihnen helfen?

Hallo Peter. Ich hätte gerne ein Mittagessen.

Sehr gut. Was hätten Sie denn gerne?

Ich hätte gerne ein Sandwich.

Eine sehr gute Wahl. Wollen Sie ein Sandwich mit Käse und Schinken? Oder eins mit Tomate und Mozzarella?

Ich hätte gerne das Sandwich mit Tomaten und Mozzarella, bitte.

Gerne. Wollen Sie etwas trinken?

Ja, ich hätte gerne ein Glas stilles Wasser.

Natürlich. Kann ich sonst noch etwas für Sie tun?

Ja, könnte ich ein Dessert bestellen? Ich hätte gerne den Kuchen.

Gute Wahl. Danke für Ihre Bestellung.

Rückseite

(diese Seite in dein Lapbook kleben)

Schneide die englischen Sätze aus.

Sortiere die Schnipsel in der richtigen Reihenfolge. Klebe sie dann auf die Innenseite der Vorlage untereinander in der richtigen Reihenfolge auf. Klappst du die Vorlage auf, musst du die englische Übersetzung des deutschen Satzes sehen können.

Hello, my name is Peter. How can I help you?	Sure. Can I help you with anything else?
Good choice. Thank you for your order.	I'd like to have a sandwich.
Good choice. Would you like to have a sandwich with ham and cheese? Or one with tomatoes and mozarella?	Yes, please. I'd like to have still water.
I'd like to have a sandwich with tomatoes and mozarella, please.	Hello Peter. I would like to have some lunch.
Great. What would you like to have?	Certainly. Would you like something to drink?
Yes, could I please order a dessert? I'd like to have a piece of pie.	

Schreibe einen Dialog zwischen dir und dem Kellner in dein Heft. Überlege dir vorher, welche Gerichte aus der Speisekarte du gerne bestellen möchtest.

Folgende Sätze können dir dabei helfen:

Was der Kellner sagt:	Was du sagst:
• Hello, my name is … How can I help you? • Can I take your order? • What would you like to eat/drink? • What would you like to have? • Would you like to have …? • Good choice. • Certainly. / Sure. • Thank you for your order.	• Hello … I'd like to have … • Can I have (another) …, please? • Can you bring me salt and pepper/ketchup/…, please? • That's all. Thank you. • Yes, please. • No, thanks.

Informiere dich.
Lies den Text oder lass ihn dir vorlesen.

Days of the week

Every week has seven days. The week starts on Monday and ends on Sunday.

The last two days of the week (Saturday and Sunday) are called weekend.

Wochentage

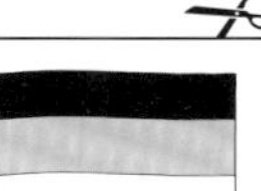

Jede Woche hat sieben Tage. Die Woche beginnt am Montag und endet am Sonntag.

Die letzten zwei Tage jeder Woche (Samstag und Sonntag) nennt man Wochenende.

Months of the year

A year has twelve months.

Many English words for the different months almost sound like German months.

They are called: January, February, March, April, May, June, July, August, September, October, November, and December.

Monate

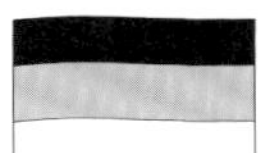

Ein Jahr hat zwölf Monate.

Viele englische Wörter für die verschiedenen Monate klingen fast wie die deutschen Monatsnamen.

Sie heißen: Januar, Februar, März, April, Mai, Juni, Juli, August, September, Oktober, November und Dezember.

Seasons of the year

The year is separated into four seasons. There are winter, spring, summer and autumn.

Each season is round about three months long. Winter begins in December, spring in March, summer in June, and autumn in September.

Jahreszeiten

Das Jahr ist in vier Jahreszeiten unterteilt. Es gibt den Winter, den Frühling, den Sommer und den Herbst.

Alle Jahreszeiten sind circa drei Monate lang. Der Winter beginnt im Dezember, der Frühling im März, der Sommer im Juni und der Herbst im September.

 **Schneide die Vorlage aus.**

 **Male zu den Monaten passende Motive auf die Kalenderblätter. Schreibe deinen Namen in das linke obere Blatt.**

 **Klebe die linke Hälfte der Kalenderblätter auf die linke Klappseite deines Lapbooks.**

 **Klebe nun auf die rechte Rückseite der Kalenderblätter einen kleinen Klettstreifen. Klebe das Gegenstück auf die rechte Klappseite deines Lapbooks.**

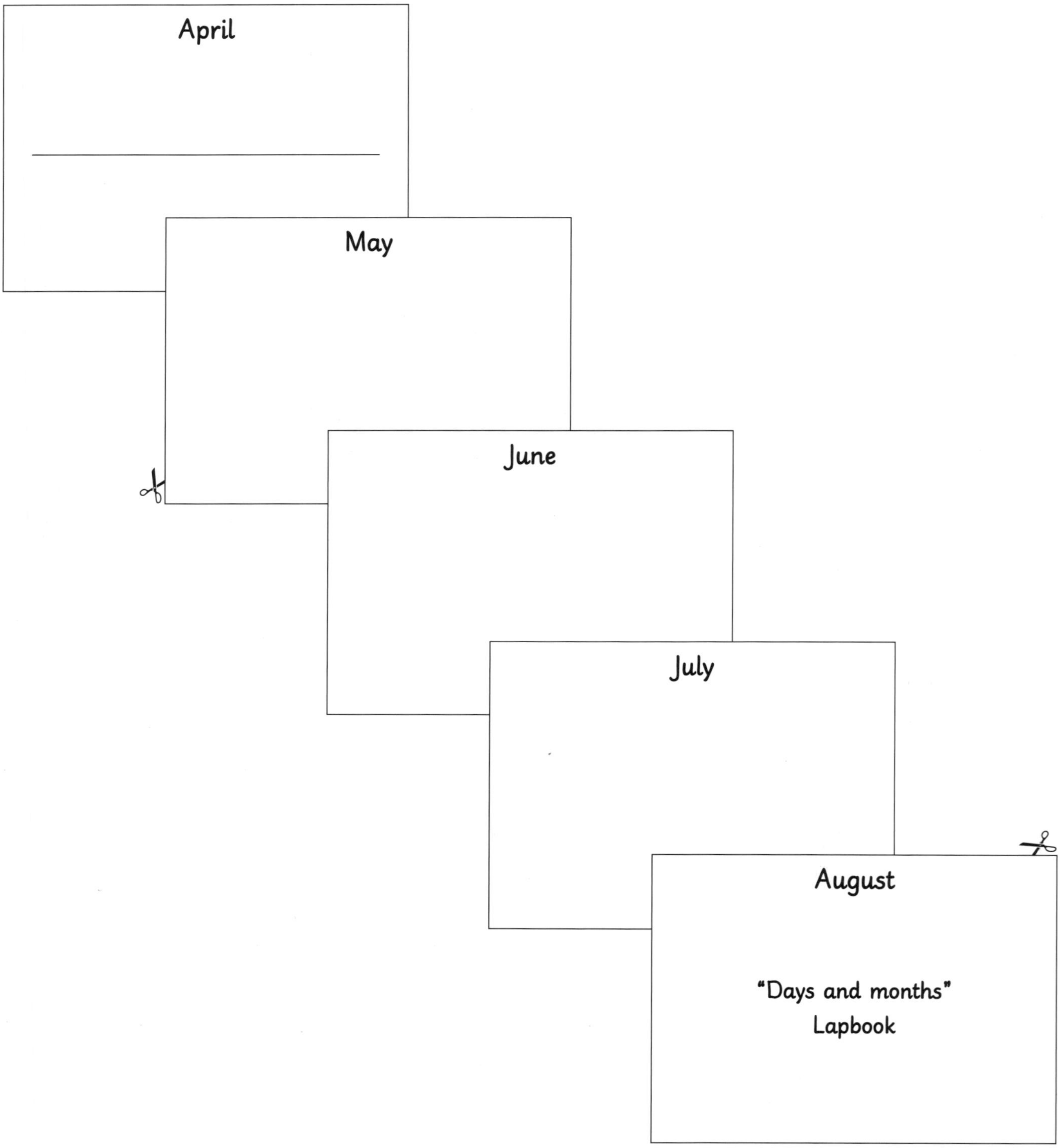

April

____

May

June

July

August

"Days and months"
Lapbook

Schneide die kleinen Wortkarten aus und klebe sie auf die Rückseite der passenden Bildkarten.

Monday	Tuesday	Wednesday	Thursday
Friday	Saturday	Sunday	January
February	March	April	May
June	July	August	September
October	November	December	today
tomorrow	the day after tomorrow	yesterday	the day before yesterday
spring	summer	autumn	winter
season(s)	Christmas	Easter	birthday

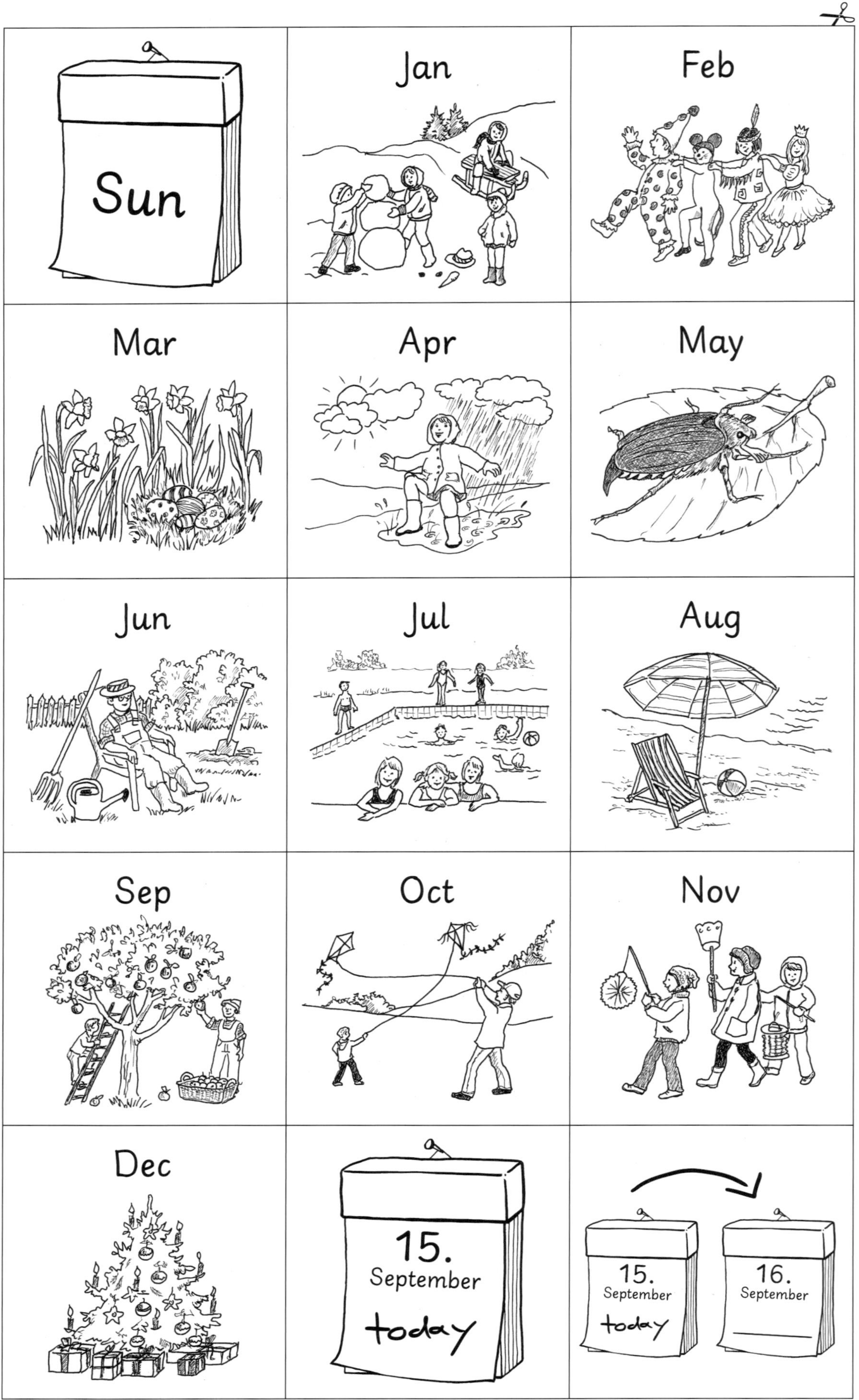
Sun
Jan
Feb
Mar
Apr
May
Jun
Jul
Aug
Sep
Oct
Nov
Dec
15.
September
today
15.
September
today
16.
September

15.
September
today
16.
September
17.
September
14.
September
15.
September
today
13.
September
14.
September
15.
September
today

Male die Namen der Wochentage in deinen Lieblingsfarben aus.

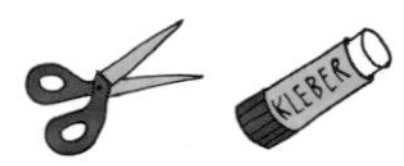

Schneide die Vorlage aus und klebe die Klebekante an den ersten Abschnitt.

Falte die Wochentageliste an den gestrichelten Linien, sodass ein Fächer entsteht. Als erste Karte muss man ‚days of the week' lesen können.

Klebe den Fächer mit der Rückseite von ‚End of the week' in dein Lapbook.

days of the week

Monday

Tuesday

Wednesday

Thursday

Friday

Saturday

Schneide die Vorlage aus.

Trage in die Felder Aktivitäten ein, die du an diesen Wochentagen machst. Male ein passendes Bild zu deinen Aktivitäten außen auf die Klappkarte.

Hier sind ein paar Beispiele:

- stay at home and play computer games
- go to football training
- have a guitar lesson
- read a book
- do my homework
- meet some friends
- …

Mo		
Tue		
Wed		
Thu		
Fri		
Sat		
Sun		

Erzähle einem Partner, was du an den verschiedenen Tagen machst.

Beispiel:
On Monday, I stay at home and play computer games.
On Tuesday, I go to football training.

Male die Jahreszeitenfelder mit den dazugehörigen Monaten in verschiedenen Farben aus.

Schneide die Vorlagen aus.

Klebe die bunte Scheibe mit den Jahreszeiten und Monaten in dein Lapbook.

Lege die zweite Scheibe auf die bunte, festgeklebte Scheibe und verbinde sie mit einer Musterklammer.

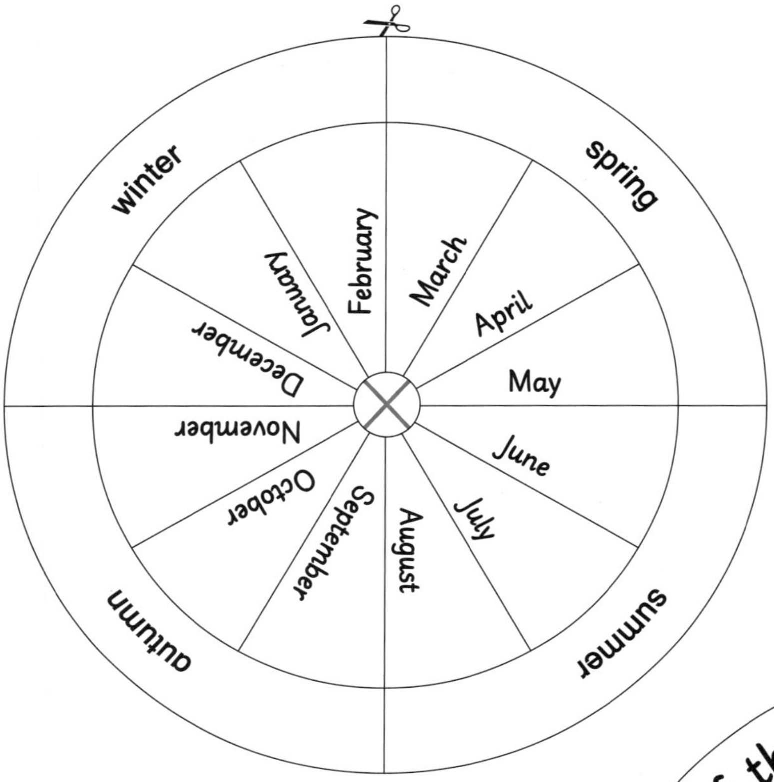

winter
spring
summer
autumn

January
February
March
April
May
June
July
August
September
October
November
December

seasons of the year

Lies dir die Beschreibungen der Wochentage genau durch.

Klebe das passende Wort in das mittlere Feld.

Schneide die Vorlage aus und klebe sie in dein Lapbook.

This day is the last day of the week.		
Today is Monday. Tomorrow is …		
This is what you call the last two days of the week.		
Today is Wednesday. The day after tomorrow is …		
This day is the third day of the week.		
Today is Friday. Yesterday was …		
This is the day between Friday and Sunday.		
This day is the first day of the week.		

Monday	Tuesday	Wednesday	Thursday
Friday	Saturday	Sunday	weekend

Schneide die Tages-, Datums-, Monats- und Jahreskärtchen aus.

Monday	Tuesday	Wednesday
Thursday	Friday	Saturday
Sunday	January	February
March	April	May
June	July	August
September	October	November
December	2018	2019

1st	2nd	3rd	4th	5th	6th	7th	8th
9th	10th	11th	12th	13th	14th	15th	16th
17th	18th	19th	20th	21st	22nd	23rd	24th
25th	26th	27th	28th	29th	30th	31st	

Schneide die Vorlage für die Taschen der Kärtchen aus.

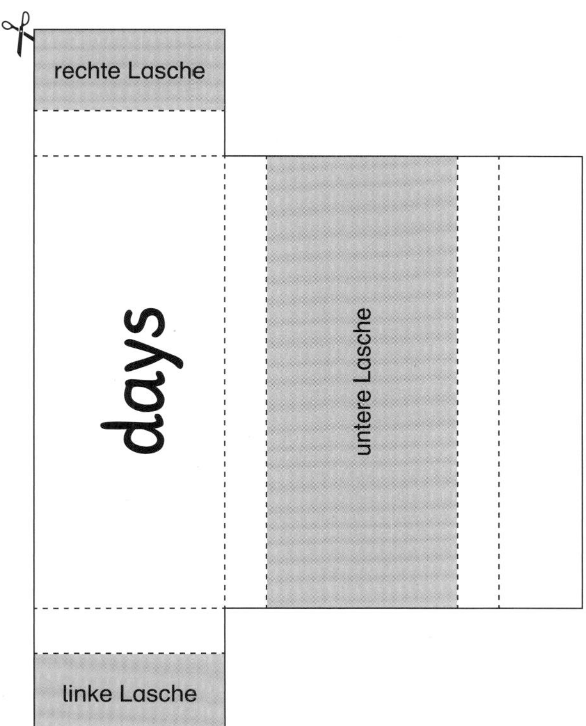

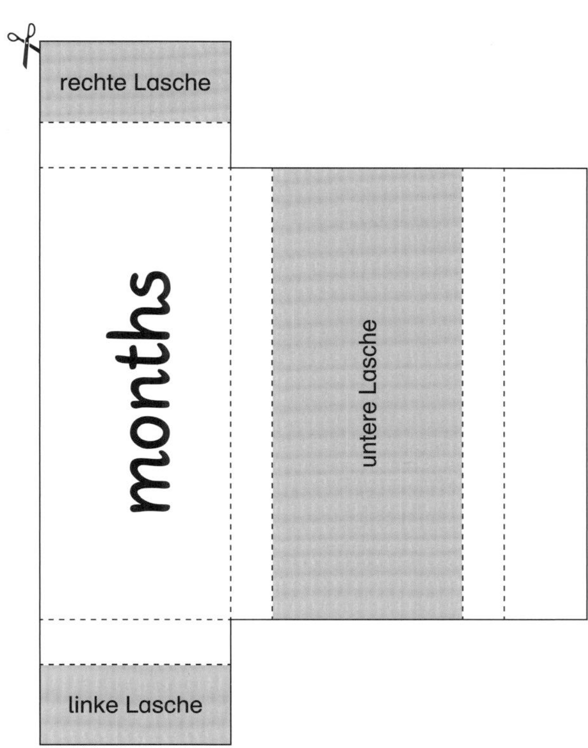

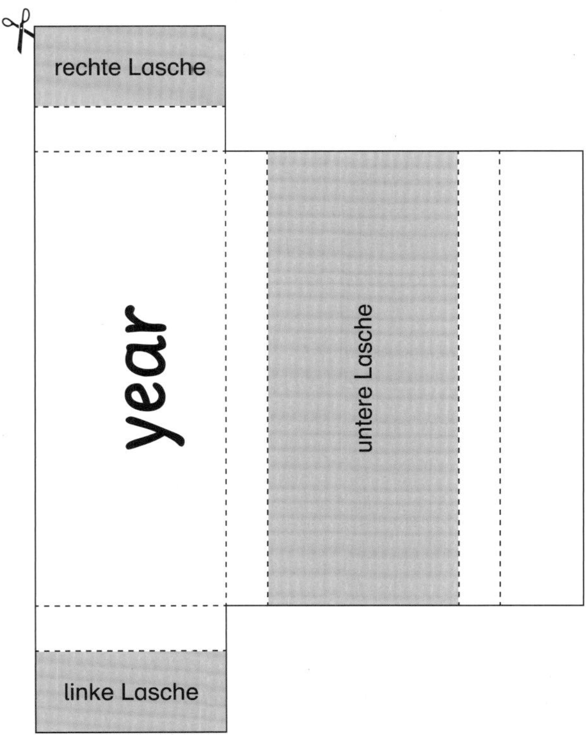

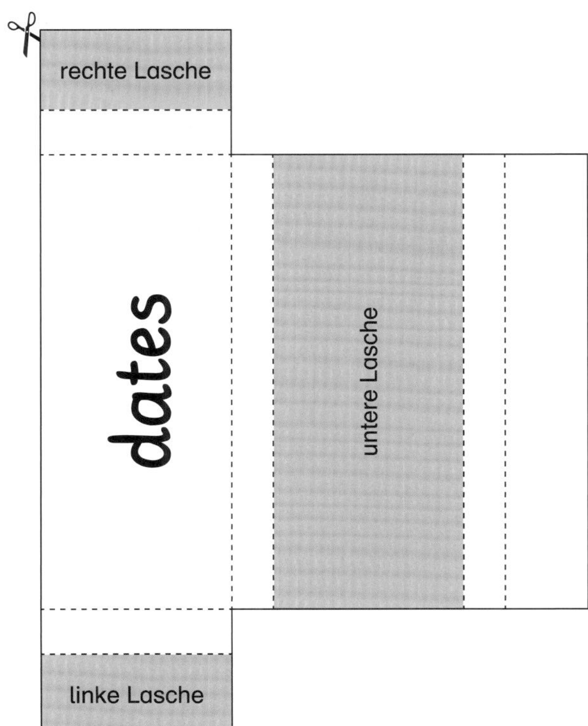

Gehe nun bei jeder einzelnen Tasche so vor:

Klebe die rechte und linke Lasche auf die untere Lasche.

Gib danach Kleber auf die unteren Laschen und klebe die Taschen in folgender Reihenfolge und mit folgendem Abstand dazwischen in dein Lapbook:

days (1,5 cm Abstand), dates (1,5 cm Abstand), months (1,5 cm Abstand), years

Stecke danach die fertigen Kärtchen in die Taschen.

Schreibe unter die Taschen den Satzanfang: Today is

Schneide nun aus einer Klarsichtfolie einen 2 cm breiten und 18 cm langen Streifen ab. Zerteile diesen Streifen in 2 × 6 cm, 1 × 2,5 cm und 1 × 3,5 cm.

Klebe jetzt diese Streifen mit einem Klebestreifen unter den Satzanfang ‚Today is'. Der Abstand zwischen den Streifen muss dabei genauso groß sein wie bei den Taschen.

Die obere Seite der Klarsichtfolie muss offen bleiben. Alle anderen drei Seiten werden mit dem Klebestreifen verschlossen.

Schreibe in die Zwischenräume der Klarsichtfolientaschen folgende Wörter in folgender Reihenfolge: the, of, in.

Stecke nun folgende Kärtchen in die Klarsichtfolientaschen: heutiger Wochentag, heutiges Datum, Monat, Jahr.

Ist alles richtig, steht da zum Beispiel:

Today is Monday the 26th of February in 2018.

Schneide die Vorlage aus.

Klebe die Rückseite der Vorlage in dein Lapbook.

Schreibe auf die Innenseite der Klappkärtchen Sätze darüber, was du gerne zu den verschiedenen Jahreszeiten machst.

Du kannst deine Sätze wie folgt beginnen:
In spring/summer/autumn/winter, I like to ...

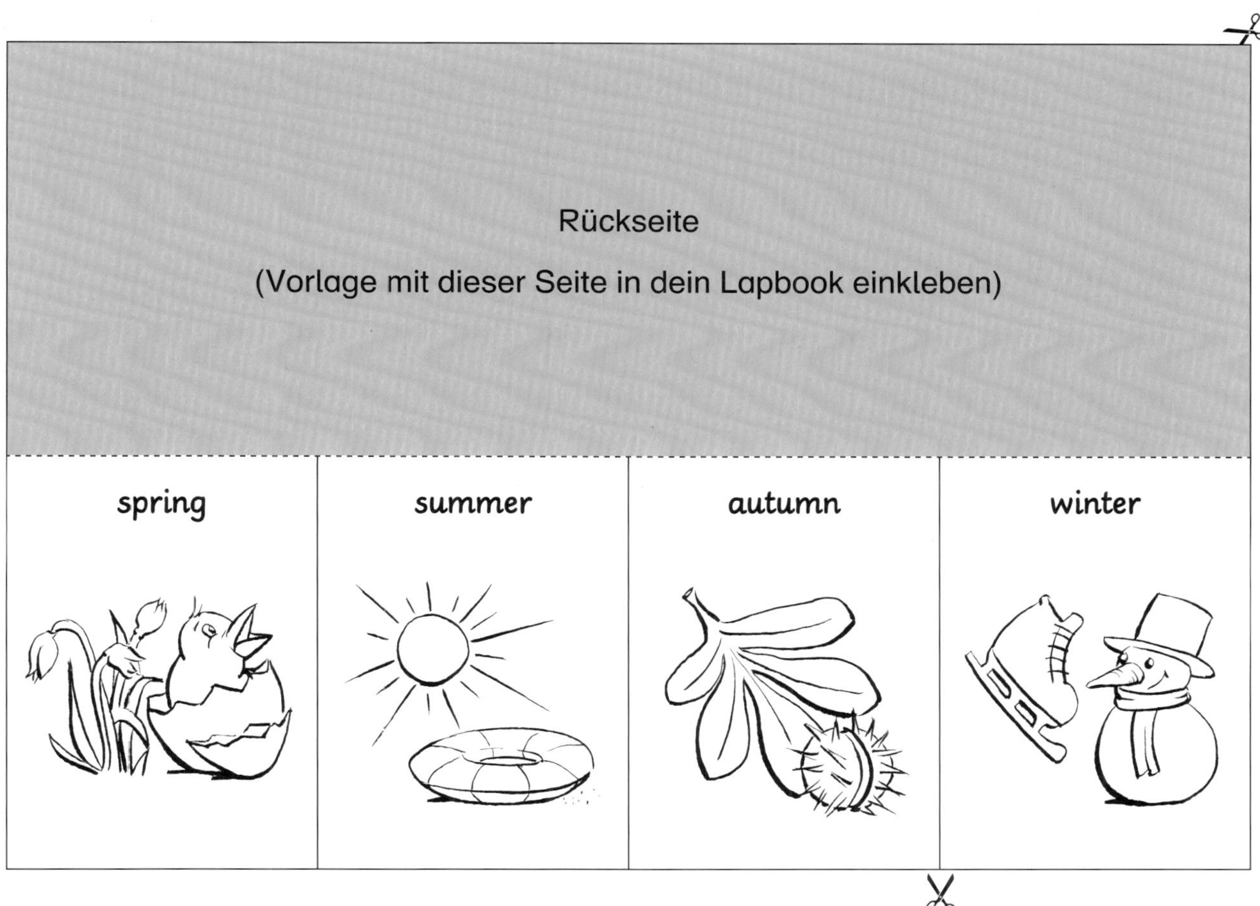

Rückseite
(diese Seite in dein Lapbook kleben)

Klebekante

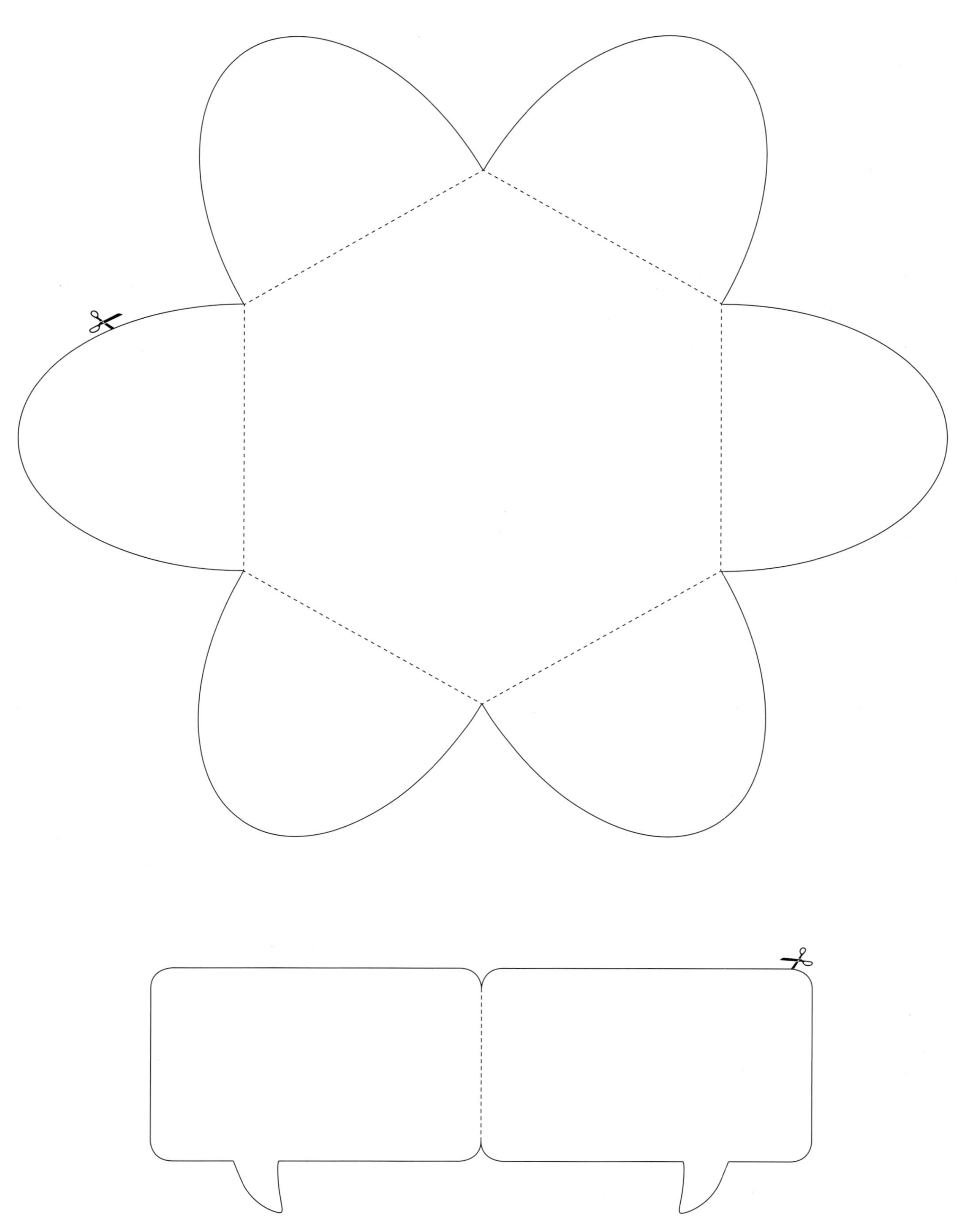

Name: ____________________ Klasse: ____________ Datum: ____________________

Wir erstellen ein Lapbook zu einem selbst gewählten Thema

	3 Punkte	2 Punkte	1 Punkt	0 Punkte
1. Inhalt des Lapbooks				
Du kennst dich mit dem Thema gut aus.				
Du stellst die Sachverhalte richtig dar.				
Du verwendest Fachbegriffe.				
Die anderen Kinder lernen etwas durch dein Lapbook.				
2. Gestaltung des Lapbooks				
Dein Lapbook macht neugierig.				
Du hast sauber geschnitten, geschrieben und geklebt.				
Dein Lapbook ist gut gegliedert.				
3. Präsentation des Lapbooks				
Deine Präsentation ist anschaulich.				
Du hast laut und deutlich gesprochen.				
Gesamtergebnis				

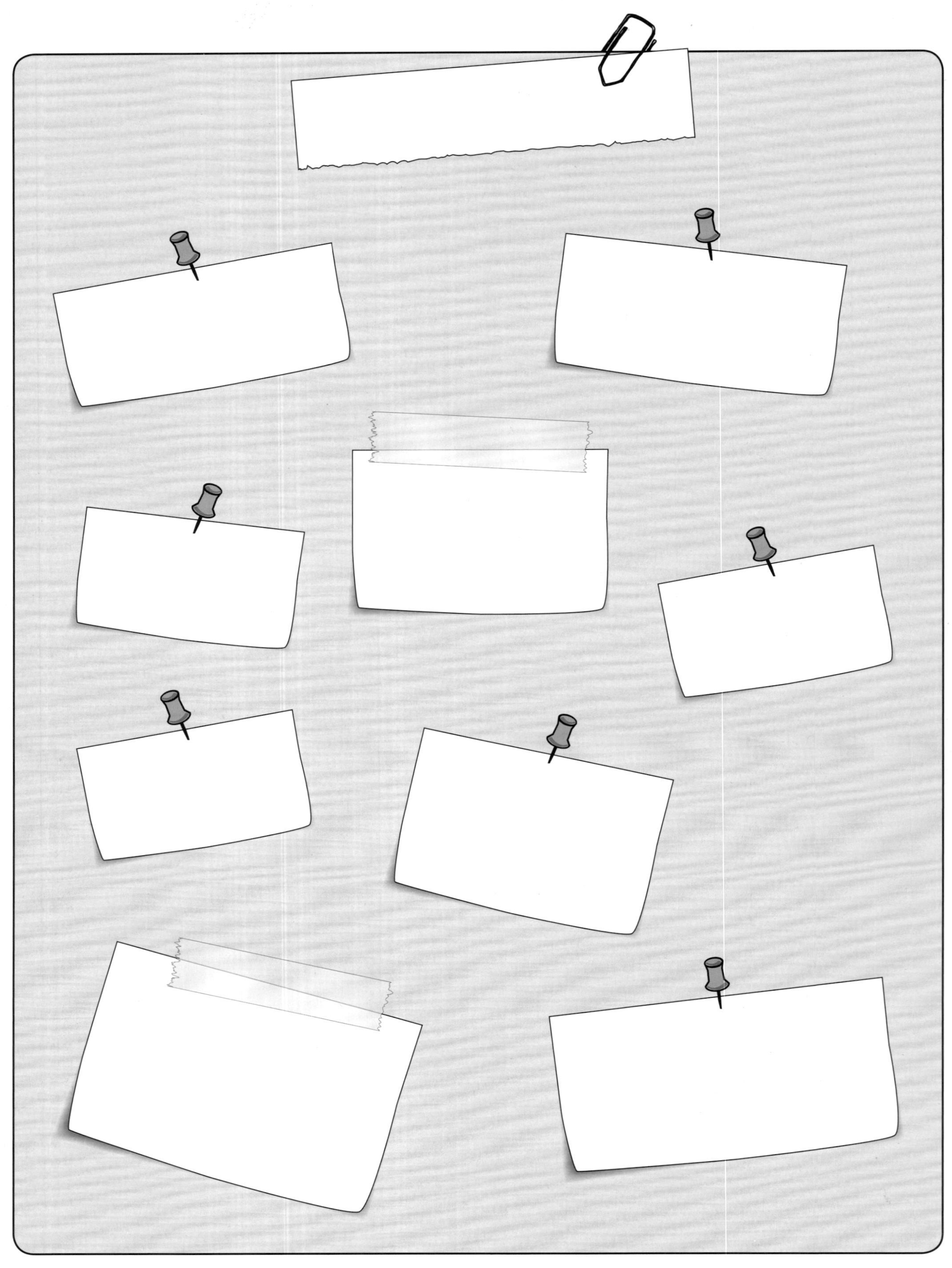